Le Rapport de l'État de Démocratie Participative 2014

The Hunger Project , en partenariat avec the UN Democracy Fund

Bonnes Nouvelles pour la Démocratie

Oui, c'est vrai. Alors que le monde est choqué par les actes de brutalité dans les conflits armés pour la domination politique, il est une autre histoire heureuse qui se passe en silence: la progression de l'avant quotidienne de millions de femmes et d'hommes qui prennent en charge leur vie et leur avenir au niveau local.

La principale leçon à tirer du rapport de cette année sur l'Etat de la démocratie participative dans plusieurs pays où la démocratie au niveau national et le respect des droits de l'homme peuvent être fragiles est que les racines des valeurs démocratiques sont entrain de s'approfondir davantage, souvent en raison des législations nouvellement adoptées. Cette expansion de la démocratie locale participative a permis l'amélioration des services publics et l'inclusion d'une société civile active dans la formulation de nouvelles lois.

Cela ne veut pas dire que l'espace global de la transparence, la gouvernance locale efficace et responsable est en bonne situation ; loin de là. Ce que nous voyons dans le rapport de cette année est:

- **Plus de décentralisation:** Nombre de pays longtemps considérés comme profondément centralisés ont pu transférer plus d'autonomie aux collectivités locales.
- **Plus d'investissements dans la capacité locale:** Les pays qui sont désespérément pauvres ont fait des progrès spectaculaires dans les domaines de la santé, de l'agriculture et de l'éducation via l'investissement dans la formation de dizaines de milliers d'enseignants, d'agents de vulgarisation et des travailleurs de la santé de première ligne.
- **Plus de leadership féminin:** Nombre de pays adoptent de plus en plus des quotas genre et réservent des places pour les femmes afin de s'assurer qu'elles aient leurs voix dans les décisions qui concernent leurs propres vies.
- **Plus de mécanismes de responsabilisation sociale:** Plus de femmes et d'hommes qui sont entrain de gagner sur le terrain des opportunités de tenir les dirigeants locaux responsables des politiques qu'ils mènent dans le cadre du gouvernement local.
- **Plus de technologies d'habilitation:** Des grandes entreprises aux villages les plus reculés du Bangladesh, l'internet et la technologie de l'ordinateur sont de plus en plus appliqués pour rendre l'information et les services publics plus accessibles, faciliter la communication entre les citoyens et leur gouvernement et accroître la transparence et la reddition des comptes.
- **Plus de collaboration entre le gouvernement et la société civile:** Alors que certains gouvernements restreignent la société civile - en particulier les droits de l'homme et des militants écologistes -, d'autres ont établi des mécanismes de partenariat solide, formel et coordonné avec la société civile.
- **Plus de clarté sur ce qui se fait:** Les facteurs capitaux mesurés dans notre indice multidimensionnel sont de mieux en mieux connus et plus largement reconnus. Ils guident les militants de la gouvernance locale à renforcer leur appel à une charte globale sur la gouvernance locale.
- **Plus de reconnaissance au niveau mondial:** Grâce à l'effort énorme déployé par la communauté internationale depuis longtemps- en matière de dialogue et de politique participative que le monde ait jamais vu - pour développer tout un programme d'Objectifs de Développement Durable à l'horizon de 2015, que l'importance cruciale de la gouvernance locale a (enfin) été reconnue.

Élargissement de la Communauté de Pratique Mondiale

Notre Communauté de pratique mondiale s'est étendu pour tendre la main aux organisations de la société civile (OSC) qui ont investi pendant des décennies en réorientant les politiques nationales vers une plus grande participation des citoyens et de démocratie locale dans les régions où la démocratie est plus fragile qu'ailleurs comme en Afrique, au Moyen-Orient, les Balkans et en Asie centrale. Cette année, la Communauté s'est étendue à la participation de la région MENA (Moyen-Orient et Afrique du Nord), y compris les pays arabes et ceux de l'Asie occidentale.

Nous avons invité ces OSC à organiser des rencontres de groupes de discussion multi-parties prenantes composés de fonctionnaires locaux et centraux du gouvernement, des acteurs de la société civile, des groupes de femmes, des universitaires, des intervenants du secteur privé et les organismes internationaux (le cas échéant). Nous avons demandé à chaque groupe de discussion de parvenir à un consensus de réponses à chaque question de l'enquête, et avons prévu un espace pour les commentaires lorsque cela s'est avéré impossible.

Les OSC ont partagé leurs réflexions sur la valeur de ce processus multisectoriel pour leur propre travail. Ces réflexions sont disponibles sur notre site Web: http://localdemocracy.net.

Amélioration de la qualité des données

La découverte majeure de l'année dernière était que pratiquement aucun praticien n'avait facilement accès à l'information nécessaire pour évaluer toutes les dimensions de la démocratie locale participative, que ce soit en termes de ce qui est établi par la loi ou en termes de la réalité actuelle sur le terrain.

L'année dernière, nous avons divisé le processus d'évaluation en deux enquêtes: l'une pour ceux qui connaissent la loi, et l'autre pour ceux qui connaissent les réalités du terrain. Malgré les efforts de sensibilisation supplémentaires qui ont été requis et faits, nous étions insatisfaits de la qualité de la plupart des données. Sur les 90 pays qui ont soumis des données, nous avons déduit que les données étaient suffisamment complètes uniquement dans 35 pays.

Nous avons conclu que la meilleure approche pour 2014 était de (1) simplifier l'évaluation en un seul instrument d'enquête – en posant plus de questions objectives sur les deux niveaux ensemble, juridique et celui de la mise en œuvre- et (2) de diffuser les enquêtes d'évaluation par les groupes de discussion multi-parties prenantes plutôt que par les individus.

Organisation de ce rapport

Dans les pages suivantes, nous avons inclus:

- **Les profils de pays**, par ordre alphabétique, sur l'état de la démocratie participative locale dans les 32 pays qui ont organisé des discussions de groupes.
- **Profils dans la pratique** organisés par ordre alphabétique. Parmi ceux- là, il y a sept articles qui soulignent les aspects importants de l'évolution de la décentralisation en Bolivie, en Indonésie, en Jordanie, au Liban, au Malawi, au Maroc et au Sénégal.
- **Texte de l'Enquête 2014.**
- **Résultats et classements de l'enquête 2014.** Les résultats comprennent les données des 32 pays qui ont organisé des groupes de discussion (en gras) et les données soumises par les particuliers de 20 autres pays (en *italique*).

Les Dimensions de l'Enquête en Bref

Participation citoyenne active

- **Conscient:** les citoyens sont bien informés sur leurs droits et informés des décisions du gouvernement
- **Inclusif:** les femmes et autres groupes marginalisés ont une voix garantie dans les processus de prise de décision
- **Organisé:** les citoyens sont organisés pour mener une négociation collective avec le gouvernement local
- **Participer:** les citoyens, les groupes de la société civile et le lobby du secteur privé local structures du gouvernement local

La Décentralisation Politique

- **Démocratique:** des élections libres sont organisées à tous les niveaux de gouvernement
- **Transparent:** les actions du gouvernement, les décisions et les processus de décision sont ouverts à un niveau approprié de contrôle par d'autres parties du gouvernement, les citoyens et, dans certains cas, les institutions externes
- **Responsable:** des mécanismes existent pour permettre aux citoyens d'intervenir dans le processus d'élaboration des politiques, et avoir les moyens de remédier à des cas de corruption
- **Autonome:** le gouvernement local a le pouvoir, la capacité et la flexibilité pour répondre aux changements et demandes sociaux, prend en compte les attentes de lasociété civile pour identifier l'intérêt public général, et est prêt à réexaminer de manière critique le rôle du gouvernement

Décentralisation administrative

- **Décentralisé:** un gouvernement représentatif existe à un niveau proche et accessible pour les personnes et est responsable de la prestation de services; un cadre juridique transparent soutient la décentralisation; et toutes les lois, codes et règlements sont également appliqués par le gouvernement.
- **Formé:** les fonctionnaires des administrations locales et des organisations de la société civile assistent les collectivités locales en matière de formations systématiques
- **Effectif:** le gouvernement s'efforce de produire des résultats publics de qualité, y compris la prestation de services rentables pour les citoyens, et assure que les produits répondent aux intentions initiales des décideurs

Décentralisation fiscale

- **Assisté:** le gouvernement local est en mesure de mobiliser les ressources locales et reçoit une part (20%) des ressources publiques
- **Indépendant:** le gouvernement local exerce son droit d'allouer des fonds aux priorités identifiés localement

Planification multisectorielle

- **Capacité:** le gouvernement local a le mandat, les compétences et les ressources en temps opportun pour engager les parties prenantes dans la planification à long terme pour les services de base.
- **Délibératif:** les citoyens participent à des discussions sérieuses sur les priorités locales et leurs décisions sont prises en compte dans le processus de gouvernance

Observations émanant des données 2014

- **Afrique - le gagnant Surprise:** l'Afrique sub-saharienne a enregistré un score très haut, juste derrière les pays les plus développés. Et les pays d'un sous-ensemble africain (Burundi, le Sénégal, l'Ethiopie, le Libéria) sont les quatre des cinq pays les mieux classés. Cela montre un engagement fort de la décentralisation, et traduit la force des aspirations des répondants au sondage de voir la mise en œuvre de la gouvernance locale réalisée. L'Éthiopie, par exemple - un grand pays, fédéralisé - a fait des investissements à grande échelle dans le développement communautaire, la formation d'un grand nombre de travailleurs de la santé et des agents de vulgarisation agricole au niveau local. Voir, par exemple, le profil du Sénégal dans la rubrique de « Profil de pratique » par pays. Les "nouvelles" décentralisateurs devancent nettement les anciens décentralisateurs de l'Afrique – L'Ouganda et le Ghana - ainsi que tous les autres pays. L'écart entre les lois et la mise en œuvre est assez grand; le cadre juridique enregistre le plus haut des scores de toutes les régions, alors que les perceptions de mise en œuvre sont loin derrière.
- **MENA** (Moyen-Orient Afrique du Nord) a marqué le plus bas score ; chose qui n'est pas surprenante du fait que la plupart de ces pays ne sont pas considérés comme des républiques démocratiques, même au niveau national. Pourtant, comme le montrent les « Profils de Pratique », pour le Maroc et la Jordanie, il y a de nouvelles initiatives de décentralisation qui sont en cours dans ces deux pays.
- **Asie Centrale et Occidentale:** ces pays nouvellement inclus marquent des scores étonnamment proches de la moyenne et constants à travers les dimensions avec un écart relativement modeste entre les lois (le juridique) et la mise en œuvre.
- **Est et le Sud d'Asie:** l'Indonésie est la mieux classée dans ce groupe, malgré le grand écart entre la décentralisation récemment mise en place et la perception de la mise en œuvre. L'Indonésie a son propre indice de gouvernance locale.
- **L'Amérique Latine** a eu un très bon score dans sa structure juridique, mais elle a le plus important écart entre le cadre juridique et la perception des gens de la mise en œuvre, notamment dans les secteurs financiers et ceux de la planification.
- **La plupart des pays développés** qui ont participé à l'étude cette année ont eu les meilleurs scores en tant que région dotée de systèmes rodés ayant longtemps exercé la démocratie locale, mais pas aussi fortement qu'on pourrait l'imaginer. Par exemple, le gouvernement national des États-Unis est plus «nouveau» (récent) que ses gouvernements locaux ; Et en raison de cela, le pays manque de cadre de politique nationale pour le rôle des gouvernements locaux.

Psychologie: Bien que nous nous soyons efforcés, dans l'enquête, de rendre les questions relatives au côté juridique et celui de la perception le plus objectif possible, nous pensons que les grandes variations dans l'écart entre le juridique et la réalité perçue peuvent refléter un certain degré d'attente et que l'optimisme ou le pessimisme de la population quant à la probabilité de progrès à court terme peuvent influencer sa perception de la chose.

Comment ça devrait fonctionner?

L'adage dit: «toute politique est locale ». Il reflète la sagesse du fait que les questions qui comptent vraiment dans la vie quotidienne des gens, telles que l'eau, l'assainissement, les soins de santé primaires, l'éducation primaire, l'accès toute l'année à des aliments abordables et nutritifs, l'accès aux marchés et aux possibilités d'emploi, la sécurité de base et la justice sociale, doivent être résolues localement. Elles dépendent toutes d'une politique de gouvernance locale interactive et efficace.

Une façon simple de réfléchir à cette question est poser la question de cette façon: si les choses se faisaient vraiment et durablement ici, comment pourraient-ils fonctionner? Si je suis un citoyen avec des droits (pas un sujet d'une autorité dont je dépends des faveurs et caprices), comment puis-je travailler avec mes concitoyens pour que la vie dans ma communauté soit durable?

Notre indice multidimensionnel va au-delà des traditionnels trois dimensions de la décentralisation du gouvernement (politique, administrative et fiscale). Il commence par une citoyenneté active et comprend le rôle vital du secteur social et privé dans les processus de planification.

Imaginez, donc, que vous êtes une mère et que l'enseignant de votre enfant ne se montre pas régulièrement en classe. Que faire?

Premièrement, vous devez être habilité en tant que Citoyen Actif. Vous devez être **conscient** de ce que vous pouvez faire et comment vous pouvez le faire. Votre pays doit avoir une loi relative au droit à l'information qui vous permet de découvrir - dans un délai raisonnable - si ce n'est que votre problème, ou s'il s'agit d'un problème général qui se passe partout. Votre gouvernement local devrait garantir une surveillance des écoles, et afficher une "charte du citoyen" et vous communiquer qui appeler pour ce service public. Le processus devrait être **Complet** incluant ceci: les fonctionnaires devraient vous écouter de la même manière qu'un homme si vous étiez femme et vice versa. Et il devrait y avoir une femme faisant partie de l'autorité locale vers laquelle vous pourriez retourner. Vous - nous l'espérons - êtes **organisé**, en tant que membre d'une association de parents et enseignants régulièrement participative (PTA), ce qui devrait vous donner de la force et un certain accès aux personnes- clés. Si nécessaire, votre PTA devrait avoir le droit de porter l'affaire devant les tribunaux.

Deuxièmement, vous devez avoir un gouvernement qui représente vos intérêts locaux. Votre conseil municipal local aurait été **démocratiquement élu**, pas nommé ou héréditaire, et vous devriez être en mesure de vous présenter aux élections si vous le désirez. Votre conseil local devrait être autonome pour répondre à vos attentes plutôt que de se contenter de suivre les ordres venant d'en haut. Les bureaucrates ne devraient pas être en mesure de retirer ou annuler les décisions de votre conseil local sans passer par les tribunaux. Votre conseil local doit être honnête, **responsable** (comme le démontrent les audits et les rapports de contrôle) et **transparent** dans ses actions.

Troisièmement, les services publics devraient être administrés localement. Le conseil local devrait être en mesure d'exiger que l'enseignant soit congédié, même s'il était le neveu du gouverneur. À cette fin, les administrateurs locaux doivent être **formés** et **efficaces** dans leur travail.

Quatrièmement, votre gouvernement local doit être bien financé. Peut-être que l'enseignant n'a pas été payé depuis trois moisnparce que le gouvernement central n'a pas réussi à transférer de l'argent. L'idéal serait que votre communauté soit en mesure d'augmenter ses propres revenus, ou - si trop pauvre - recevoir des fonds centraux par un mécanisme transparent. Le conseil local doit être **indépendant** dans l'établissement de ses propres budgets et le contrôle de ses propres fonds. Il ne devrait pas avoir à subir la complexité et la lourdeur des couches de bureaucratie pour obtenir les approbations requises.

Cinquièmement, votre communauté devrait être en mesure de planifier. Peut-être que l'enseignant ne vient pas travailler parce que les routes ne sont pas sûres ou il n'y a pas de toilettes qui facilitent le travail dans l'école. Le conseil municipal précédent avait prévu de les réparer, mais le conseil nouvellement élu les a annulés et n'a pas créé ses propres plans. Pour éviter cela, la communauté a besoin d'un plan à **long terme** qui vit **indépendamment** du conseil à travers un mécanisme de planification multisectorielle qui inclurait les voix et les priorités des enseignants, des entreprises locales, des groupes culturels et communautaires et tout le monde. Des citoyens qui **élisent** ensuite le conseil local capable de mettre en œuvre le plan. Assurer des services publics de base n'est jamais une question administrative simple. C'est un exercice qui consiste, en même temps, de garantir les droits de l'homme.

La transformation de l'individu du statut de «sujet» à celui de «citoyen» est le grand récit inachevé de l'histoire humaine. À la base, la citoyenneté porte le principe de la dignité humaine: chaque personne a le droit et la responsabilité d'être l'auteur de sa propre destinée.

Un Effort d'équipe

La démocratie locale participative est en soi un travail d'équipe. Nous apprécions énormément le travail d'équipe actif, ainsi que le financement généreux du Fonds des Nations Unies pour la Démocratie (FNUD)qui a permis de réaliser cette étude.

Sur recommandation du FNUD, et pendant la collecte des données, nous avons fait de l'autonomisation des organisations de la société civile qui travaillent sur les lignes de front, une priorité absolue pour l'année 2014. Nous sommes très reconnaissants envers les organisations suivantes qui ont accueilli les 34 groupes de discussion multi-intervenants dans 32 pays cette année. Nous exprimons notre reconnaissance aussi aux centaines de différentes organisations gouvernementales, non gouvernementales et celles du secteur privé qui ont envoyé des représentants à nos réunions et rencontres de discussion.

Pays	Organisateur	Pays	Organisateur
Azerbaïdjan	Centre pour le développement économique et social (CEDD)	Malaisie	Persatuan Aliran Kesedaran Negara (Aliran)
Bangladesh	THP Bangladesh	Mali	SOS Démocratie
Cambodge	Partenariat de la société civile au Cambodge	Ile Maurice	Réseau allié de Maurice pour la politique, la recherche et les actions pour le
Cameroun	Réflexion et actions concrètes pour le développement en Afrique (RECAAD)	Mexique	THP Mexique
Chili	Action pour la Terre	Maroc	Centre d'études et de recherches en sciences humaines (MADA)
Costa Rica	Fondation Ambio	Népal	Fondation GoGo
Costa Rica	Paniamor	Niger	YMCA Niger
Côte d'Ivoire	Fundación Ambio	Nigeria	Centre pour la démocratie et le développement (CDD)
Ethiopie	Association pour les migrants forcés (AFM)	Ouganda	THP Ouganda
Guatemala	Action Ciudadana	Pakistan	Commission du citoyen sur le développement humain (CCDH)
Inde	Institut indien des sciences sociales	Pakistan	Organisation pour la jeunesse le développement social (OYSD)
Indonésie	Koalisi Perempuan Indonésie	Paraguay	Semences pour la démocratie
Jordanie	Centre Al-Hayat pour le développement de la société civile	Philippines	Fondation du développement du gouvernement local (LOGODEF)
Kirghizistan	Initiatives mondiales civiles, Inc. (GCI)	RD Congo	Sauver le climat
Liban	Fondation libanaise pour la paix civile permanente (de LFPCP)	Sierra Leone	Démocratie en Sierra Leone (DSL)
Libéria	Partenariat la Jeunesse pour la paix et le développement (YPPD)	Soudan	Initiative soudanais de développement
Malawi	Malawi THP	Tadjikistan	Centre pour l'Initiative civique

Comme nous l'avions espéré, la publication du rapport 2013 pour de nombreuses rencontres, nous a été d'un feedback très positif comme c'était le cas lors des rencontres qui ont eu lieu à l'ONU, en partenariat avec le gouvernement mexicain, à InterAction, la Banque Mondiale / Partenariat Mondial pour la responsabilité sociale, la OpenGovHub et la Fondation Konrad Adenauer à Berlin.

La production du rapport représente également le travail d'équipe global auquel ont participé notre designer en Inde , Liza Cherian, notre traductrice en langue espagnole à Mexico, Victoria Fuentes et notre traductrice en langue française et arabe à Paris, Rime Ech-chotbi. Le sondage a été traduit en français et en espagnol, respectivement, par notre collègue d'équipe Margaux Yost et Ariadna Saavedra. Il a été traduit en russe par l'organisatrice de notre rencontre à Kirghizistan, Raïssa Muhutdinova.

Ce rapport, et tout le travail de ce projet, qui consiste à aider à développer une communauté mondiale initiée à la pratique de la démocratie participative locale, dépendait presque entièrement de la prochaine génération de professionnels des affaires internationales, dont nos chefs de projet Mai Otake et Samirah Majumdar, nos stagiaires de l'année dernière: Tamene Adugna, Nan Huang, Clara Knutson, Karoline Kraft, Shanna Cole, Emma Bradford, et Robel Tamirat, et nos bénévoles Anna Moriarty et Shanell Fan; ainsi que les responsables des membres de l'équipe du projet de la faim, John Coonrod et Mary Kate Costello. Toute erreur ou omission nous incombe, à nous seuls.

Azerbaïdjan

Le grade IDLP	23
Population	9 295 784
Le grade IDH	82/187
Le score IDH	0,734

L'Azerbaïdjan a instauré l'autonomie locale comme l'un des fondements principaux de son système constitutionnel. Le gouvernement a adopté plusieurs lois visant à accroître les pouvoirs des municipalités. Cependant, les auto-autorités locales n'ont ni la capacité suffisante, ni la formation ni le savoir faire pour réussir dans de telles responsabilités (Cités et Gouvernements Locaux Unis (UCLG, 2009).

Aperçu bref sur la gouvernance locale

- L'Azerbaïdjan se compose de 59 districts et 7 villes dirigées par les présidents des municipalités et des chefs de divisions structurelles. Les premiers sont nommés par le président ; quant aux chefs des divisions structurelles, ils sont choisis par les conseils municipaux (UCLG, 2009)
- La structure du gouvernement local repose sur deux systèmes de gouvernance parallèles. L'un est celui des municipalités publiquement élues dotés de pouvoirs limités pour offrir des services aux citoyens. L'autre est l'exécutif local des autorités nommé par le président ; tous deux font partie de la structure de l'Etat au pouvoir (Keymer, 2010).
- Le Centre pour le travail avec les municipalités et le département spécial du Bureau du Président coordonne et supervise la relation entre le gouvernement national et les gouvernements locaux (UCLG, 2009).
- Azerbaïdjan n'a pas de quota de genre législatif au niveau national (Institut International pour la Démocratie et l'Assistance Electorale, (IDEA) 2013).

Acteurs de la société civile

- Le Centre pour l'Etude de la Démocratie et la Surveillance des Elections (EMDS) est une organisation non gouvernementale, non partisane et indépendante qui œuvre pour des élections libres et équitables et pour le développement de la société civile et les traditions démocratiques (EMDS 2014).
- Azerbaïdjan Union de la jeunesse (AYU) travaille pour encourager et accroître la participation des jeunes dans la société civile et les efforts de la démocratie (AYU, 2009).

Institutions de renforcement des capacités

- Le Centre de réformes municipales en Azerbaïdjan met l'accent sur le rapprochement des municipalités de différentes régions pour la formation des associations de collectivités locales (Mamedova et al., 2002).
- L'Académie d'Administration Publique (APA), soumise à l'autorité du président, assure la formation des fonctionnaires leur procurant, par exemple, les outils de technologie d'information de l'administration publique (APA, 2013).

Le contrôle fiscal

- Les gouvernements locaux ont leurs propres avoirs et budgets ainsi que le droit d'imposer des taxes locales et des paiements (UCLG, 2009).
- Le gouvernement central alloue les subventions aux municipalités. Ces subventions sont utilisées à des fins de péréquation et utilisées dans le financement des programmes de développement économique et social (Mikayilov, 2006).

Les principales initiatives en matière de gouvernance locale participative

- Le 12 Novembre 1995, l'autogouvernement local a été reconnu juridiquement, pour la première fois, dans la Constitution (UCLG, 2009).
- En 1999, les lois sur « le Statut des Municipalités» et «les Elections des Municipalités » incluent la formation d'une base normative juridique pour l'organisation et le fonctionnement d'un système d'auto-gouvernement local (UCLG, 2009). Les élections pour les auto-autorités locales aussi ont eu lieu, pour la première fois, sur une plateforme démocratique multipartite (UCLG, 2009).
- Depuis 2000, 20 lois ont été adoptées pour le règlement des différents aspects de l'administration locale. Ces lois englobent "le Statut des Membres des Municipalités», «les Activités Conjointes, Unification, Division et la Liquidation des Municipalités» et «le Contrôle Administratif des Activités des Municipalités» (UCLG, 2009).

Défis pour la gouvernance locale participative

- Bien que les pouvoirs des municipalités soient en progression, la valeur des subventions des gouvernements centraux sont, au contraire, en baisse chaque année. Ainsi, les revenus affectés actuellement aux municipalités sont insuffisantes pour couvrir les dépenses (UCLG, 2009).
- Le volume de responsabilités attribuées aux municipalités est limité par la loi. Dans la plupart des cas, les municipalités n'ont ni la capacité, ni la formation ni le savoir faire pour s'acquitter de ces responsabilités prévues par la loi (KEYMER, 2010).
- L'intégration des ONG dans les processus de prise de décision a été entravée par le développement insuffisant des différentes institutions démocratiques (UNPAN, 2004).

Liste des sources:

Academy of Public Administration, 2013: http://www.dia.edu.az/umumi2_en.php.

Azerbaijan Youth Union, 2009: http://www.ayu-az.org/en/2.html.

Election Monitoring and Democracy Studies Center (EMDS), 2014: http://www.gndem.org/emds

International Institute for Democracy and Electoral Assistance (IDEA), 2013: "Republic of Azerbaijan."

Keymer, G., Commission for Citizenship, Governance, Institutional and External Affairs, 2010: "Draft Opinion of the Commission for Citizenship, governance, Institutional and External Affairs on Local and Regional Government in Azerbaijan and the Development of Cooperation Between Azerbaijan and the EU."

Mamedova, M. and H. Bashir et al, 2002: "Local Government in Azerbaijan."

Mikayilov, E., 2006: "Intergovernmental Fiscal Transfers in Azerbaijan: Role of Tax-Sharing in Local Government Financing."

United Cities and Local Government (UCLG), 2009: "UCLG Country Profiles: Republic of Azerbaijan."

United Nations Public Administration Network (UNPAN), 2004: "Republic of Azerbaijan."

"Republic of Azerbaijan."

Le grade IDLP	13
Population	154 695 368
Le grade IDH	146/187
Le score IDH	0,515

Les réformes récentes adoptées en Bangladesh en 2011 instaurent des mécanismes obligatoires pour la participation des citoyens dans le gouvernement local. Ils englobent les chartes de citoyens, les assemblées de quartiers, les plans quinquennaux et le droit à l'information (LGA 2009).

Aperçu bref sur la gouvernance locale

- Le Bangladesh dispose d'une structure de gouvernance à quatre niveaux: 7 régions (nommés), 64 districts (nommés), 484 upazilas (élections indirectes) et 4451 parishads syndicaux (élus), ou groupements de villages, de 9 villages chacun (CLGF, 2011).
- Les dix plus grandes régions urbaines sont administrées en tant que « city corporations » (la ville) et 310 autres municipalités urbaines sont administrées comme des « paurashavas » (CLGF, 2011).
- Les membres des « parishads Zila » sont élus par un collège électoral dont cinq sièges sont réservés aux femmes. L'on trouve aussi des sièges dédiés aux femmes dans les unités urbaines, dont les maires et les conseillers municipaux sont élus au suffrage direct. Les membres des « upazila » et syndicaux « parishads » sont également élus au suffrage direct. (CLGF, 2011).
- La Division de l'administration locale couvre en terme de responsabilité tous les gouvernements locaux. La seule exception est « les parishads » montagneuses qui sont administrées par le ministère des affaires des zones montagneuses (CLGF, 2011).
- Trois sièges de femmes élues directement, représentant chacune l'une des trois divisions de ville, sont ajoutés à chaque union de « parishad »(Quota Project, 2014).

Acteurs de la société civile

- Le « Bangladesh Rural Advancement Committee » (BRAC) (Le Comité du Bangladesh pour le Progrès Rural) vise à renforcer le projet de promouvoir les mécanismes d'une responsabilité sociale et durable au travers du « Active Citizens and Accountable Local Government (ACALG) ». Le comité œuvre pour la participation citoyenne, l'amélioration des capacités des représentants des collectivités locales et le développement de l'engagement entre la société civile, les collectivités locales et les médias (BRAC, 2013).
- SHUJAN, rendue facile par « The Hunger Project », est "organisée au niveau national et celui des districts afin d'exercer le poids nécessaire pour obtenir des réformes visant à réduire la corruption et renforcer la démocratie locale» (THP, sd).

Institutions de renforcement des capacités

- L'Association de l'union des Parishads, l'Association des présidents des Upazila, et l'Association des Paurashava sont les trois principales associations composant le gouvernement local. Ils apportent un soutien aux présidents concernant leurs droits, privilèges et bien-être (CLGF, 2011).
- L'Institut National de l'Administration (gouvernement) Locale est le seul qui existe au niveau national en matière de formation et de recherche dans l'administration locale. Il aspire à renforcer la capacité des institutions gouvernementales locales en se basant sur les principes de bonne gouvernance (NILG 2012).

Le contrôle fiscal

- Bien que les administrations locales perçoivent des recettes de l'impôt sur le revenu, les péages, les frais, les taux, les loyers et les bénéfices de la propriété, le financement provenant du gouvernement central équivaut à 90% de tous les revenus locaux (UCLG, 2010).

Les principales initiatives en matière de gouvernance locale participative

- Les amendements constitutionnels opérés en 1972 et 2011 prévoient que l'Etat encourage "la participation effective des personnes par le biais de leurs représentants élus dans l'administration à tous les niveaux" (Constitute Project, 2014).
- De 2000-2005, le projet de Fonds de développement de gouvernance locale de Sirajganj (SLGFDP) a mené des approches de renforcement des capacités à travers des subventions globales, la mobilisation sociale, cartes de pointage publics, cahiers de doléances, des réunions ouvertes sur le budget et la planification de base au niveau des villages (World Bank, 2007).
- Le SLGDFP a mandaté chaque Union de Parishad pour dessiner des plans quinquennaux, constituer un budget à travers les processus participatifs et les réunions ouvertes sur le budget, tenir deux assemblées publiques annuelles pour chaque village, et publier une charte citoyenne (LGA 2009).
- En 2007, le gouvernement et la Banque mondiale ont lancé le Programme de soutien aux gouvernements locaux, suivi en 2011 par le Projet de gouvernance de l'Union Parishad et le Projet de gouvernance Upazila, axés tous les deux sur la solidification et le renforcement de l'administration locale pour réduire la pauvreté (FENU, 2013).
- En 2007, le Programme d'Accès à l'Information a été instauré pour assurer l'accessibilité et la transparence du gouvernement par l'intermédiaire de l'information et de la technologie des communications (THP, 2014).

Défis pour la gouvernance locale participative

- Chaque nouveau responsable qui arrive au pouvoir au Bangladesh tente d'annuler [tous] les efforts de son prédécesseur. Cette instabilité empêche d'importants progrès en matière de la décentralisation (Fox and Menon, 2008).
- La plupart des employés des administrations locales sont en même temps des employés de l'administration centrale. Cela empêche les unités décentralisées d'être réellement décentralisées. (Martinez-Vasquez and Vaillancourt, 2011).

Liste des sources:

Active Citizens and Accountable Local Government (ACALG), 2014: http://www.brac.net/content/community-empowerment-strengthening-local-governance#.VAYqfmRdWgd

BRAC, 2013: http://www.brac.net/content/what-we-do#.U8Auh1VX-uZ.

Commonwealth Local Government Forum (CLGF), 2011: "Country Profile: Bangladesh."

Constitute Project, 2014: "Bangladesh's Constitution of 1972, Reinstated in 1986, with Amendments through 2011."

Fox, W.F. and B. Menon, 2008: "Decentralization in Bangladesh: Change has been Illusive."

Local Government (UP) Act (LGA), 2009.

Martinez-Vasquez, J. and F. Vaillancourt, 2011: "Obstacles Decentralization: Lessons from the Developing World."

National Institute of Local Government, 2012: http://www.lgd.gov.bd/index.php?option=com_content&view=article&id=8&Itemid=8&lang=en

Quota Project, 2014: "Bangladesh."

The Hunger Project (THP), n.d.: www.thp.org/what_we_do/key_initiatives/fostering_government_accountability/overview.

The Hunger Project (THP), 2014: "Improving Access to Services through Technology in Bangladesh."

Trinamul Unnayan Sangstha (TUS), 2013: http://trinamulcht.org/?page_id=36.

United Cities and Local Governments (UCLG), 2010: "Local Government Finance: The Challenges of the 21st Century."

United Nations Capital Development Fund (UNCDF), 2014: "UNCDF in Bangladesh."

World Bank, 2007: "Empowering the Marginalized: Case Studies of Social Accountability Initiatives in Asia."

La Décentralisation pour Améliorer la Participation Démocratique en Bolivie

Professeur Jean-Paul Faguet, London School of Economics

La Participation des Citoyens, la Transparence et la Responsabilité du Gouvernement

Au début des années 1990, la Bolivie souffrait d'une faible croissance et du manque de confiance du public vis-à-vis du gouvernement. Les plaintes et allégations de corruption abondaient. Un nouveau président décide que la décentralisation est en mesure d'améliorer en permanence l'efficacité du secteur public, la transparence et la responsabilité publique envers les citoyens. La dévolution du pouvoir et la mobilisation des ressources d'un gouvernement national fortement centralisé à l'échelle des centaines de collectivités locales dans tout le pays pourrait accroître la participation des citoyens en permanence.

Le plan a été largement et particulièrement réussi. L'investissement public est acheminé radicalement en Bolivie vers les services sociaux comme la santé et l'enseignement primaire, et loin des grandes villes vers les petites villes et les villages ruraux. L'engagement des citoyens dans la prise de décision publique a sensiblement augmenté, aussi bien au niveau du taux de participation et - plus impressionnant encore –qu'au niveau des réunions municipales ; les rapports publics de l'information financière et les décisions politiques sont devenus familiers. Une surveillance active par les organismes spécialement créés dans tout le pays, aussi. Parmi les nombreuses réformes tentées dans les années 1990, la décentralisation est la seule qui a été considérablement approfondie par l'actuel président bolivien Evo Morales, qui a"refondé" la république avec une nouvelle constitution.

Les avantages et les inconvénients

Dans un pays qui a perdu la moitié de son territoire depuis l'indépendance, les élites politiques craignaient que la décentralisation alimente des forces centrifuges susceptibles de diviser le pays. Les partisans de la décentralisation sont les élites des affaires régionales établis principalement à Santa Cruz, la capitale économique de la Bolivie ; une région qui a connu une croissance continue pendant des décennies accusant des taux de deux à quatre fois la moyenne nationale. Se prenant pour les protecteurs de leurs régions contre l' «extraction» de la richesse locale par La Paz, les dirigeants locaux s'identifient la personnalité locale et la fierté régionale et exigent une plus grande autonomie par rapport au centre et demandent plus des redevances pour le gouvernement régional qu'ils pensent dominer. Ceux-ci ont été contredits par les dirigeants régionaux des régions de l'Ouest, qui sont les régions les plus pauvres de la Bolivie. Car, ils craignaient qu'ils perdraient pouvoir et ressources fiscales si l'Est riche gagnait son autonomie étendue.

Comment l'ont-ils fait?

Les réformistes ont travaillé sur l'idée de tirer le tapis de sous les pieds des élites qui ont eu recours à la sécession comme menace politique pour extraire des ressources fiscales. Ilspourraient y parvenir en adoptant la décentralisation au niveau inférieur suivant les régions jusqu'aux municipalités de la Bolivie. Au lieu d'habiliter les élites entrepreneuriales potentiellement dangereuses et les récupérer à Santa Cruz et partout ailleurs, ces élites seraient plus désemparées face à la conservation des administrations régionales non élues et faibles. Cela pourrait arriver alors qu'il serait bénéfique de bâtir des gouvernements locaux plus forts dans tout le pays.

Pourquoi a-t-elle fonctionné?

Contrairement à de nombreux pays où la décentralisation a été tentée, la réforme a réussi en Bolivie avec des effets spectaculaires à travers la gouvernance du pays, les services publics et la politique. Pourquoi? Faguet (2012) désigne cinq raisons principales qui seraient à l'origine de ce succès:

1. **Réforme sincère**. La décentralisation en Bolivie a été non seulement des paroles dans l'air ou de la mode politique. Les réformateurs boliviens y ont réellement cru, et ils ont conçu une réforme pour y parvenir.

2. **Vitesse**. La loi portant sur la réforme a été annoncée en Janvier et mise en œuvre le 1er Juillet 1994. Toute réforme visant à proposer une importante redistribution du pouvoir et des richesses devra faire face à une forte opposition de ceux qui profitent du statu quo et craignent de perdre leurs propres intérêts. La mise en œuvre lente de la réforme comporte quelques avantages en termes d'apprentissage municipal, mais potentiellement importante en termes de coûts. En revanche, quand les réformes sont rapidement mises en œuvre, elles ne laissent pas le temps suffisant aux opposants d'organiser leur dissidence contre elle.

3. **Simplicité et Transparence**. Alors que d'autres pays ont imposé des systèmes de transfert complexes entre le centre et la périphérie au nom de l'équité ou de l'efficacité, la Bolivie a eu recours à un critère simple par habitant. Bien que moins efficaces, les allocations par habitant ont eu immédiatement des effets financiers évidents de la réforme sur une population peu instruite.

4. **Une meilleure transparence et prise de conscience responsable** vis-à-vis de la réforme ont été établies via les comités de surveillance qui opéraient aux côtés des conseils municipaux et le maire. Ils intègrent, en effet, des organismes sociaux (par exemple, les conseils de quartier, tribus, etc) dans le processus décisionnel municipal, renforçant ainsi la participation et la légitimité.

5. **Enfin, la décentralisation a résolu des problèmes politiques spécifiques pour les personnes au pouvoir**: le déclin, qui a duré longtemps, du MNR (Movimiento Nacionalista Revolucionario) et les autres partis traditionnels, et la menace continue de sécession par l'Est. Les politiciens ont senti venir le danger de ces menaces réelles. Ils ont trouvé, ainsi, dans la décentralisation une solution qu'ils pouvaient adopter.

Lectures complémentaires

Faguet, J.P. 2012. *Decentralization and Popular Democracy: Governance from Below in Bolivia*. Ann Arbor: University of Michigan Press.

Faguet, J.P. and F. Sánchez. 2013. "Decentralization and Access to Social Services in Colombia." Public Choice. DOI 10.1007/s11127-013-0077-7.

Tendler, J. 1997. Good Government in the Tropics. Baltimore: Johns Hopkins University Press.

Treisman, D. 2007. The Architecture of Government: Rethinking Political Decentralization. New York: Cambridge University Press.

1.

Le grade IDLP	11
Population	14 864 646
Le grade IDH	138/187
Le score IDH	0,543

Après plusieurs décennies de conflits internes, le Cambodge a adopté nombre de politiques de décentralisation. Le processus a été étendu aux provinces / municipalités et leur Districts / khan subdivisions (Smoke and Morrison, 2008).

Aperçu bref sur la gouvernance locale

- Après les provinces et les districts, arrivent 1630 communes et conseils de sangkats (communes urbaines) élus (UCLG, 2010).
- Créé en 2008, le Comité National pour le Développement Sous-National Démocratique (NCDD) est l'organe interministériel qui promeut le développement démocratique via la décentralisation (NCDD, 2013).
- Les citoyens locaux élisent directement leurs représentants aux communes et sangkats. Ces conseils élisent, à leur tour, le District / Municipalité et les conseils provinciaux (UCLG, 2011).
- Alors qu'il n'existe pas de quotas pour les femmes prévus par la loi, le gouvernement s'est engagé dans la voie de l'Objectif de Développement du Millénaire pour la promotion de l'égalité des sexes. L'objectif est d'augmenter la représentation des femmes dans les conseils de sangkat/commune pour atteindre un minimum de 25% de représentation d'ici l'an 2015 (CCHRC, 2012).

Acteurs de la société civile

- Le Comité pour des Elections Libres et Equitables au Cambodge (Comfrel) œuvre ds le sens d'accroître la participation des citoyens au développement démocratique local (COMFREL, 2014).
- Capacités Communautaires pour le Développement (CCD) se focalise sur le renforcement des capacités communautaires au niveau local (CCD, sd).
- Le Partenariat de la Société Civile Cambodgienne (CCSP) travaille sur la décentralisation et la gouvernance locale efficace (CCSP, 2013).

Institutions de renforcement des capacités

- La Ligue Nationale des Communes/Sangkats (NLC/S) est une association qui concentre son activité sur l'amélioration de la situation et la capacité des conseils de communes / de Sangkats, contribuant à créer des administrations décentralisées efficaces, transparentes, durables et autonomes (NLC / S, 2012).
- L'Association Provinciale des Conseils Communaux/Sangkats travaille pour réaliser les mêmes objectifs pour le niveau provincial du gouvernement (UCLG, 2008).

Le contrôle fiscal

- Les dépenses communales représentent moins de 5% des dépenses publiques totales (UCLG, 2010).
- La loi sur le régime fiscal sous-national et la gestion de la propriété adoptée en 2011, a pour but de créer des sources de financement pour les organismes sous-nationaux d'administration qui soient suffisantes pour mener à bien le développement local (Cambodian National Budget, 2013).

Les principales initiatives en matière de gouvernance locale participative

- Le Programme National pour le Développement Démocratique Sous- National (NP-SNDD) a été fondé en 2008 comme un plan global de dix ans pour la réforme de la gouvernance des administrations sub-nationales (NCDD, 2014).
- Le gouvernement a adopté une Loi Organique sur la Décentralisation et le Développement Démocratique en 2009; chose qui a permis de créer des conseils élus au suffrage indirect au niveau provincial et celui des districts (UCLG, 2010).
- Les conseils communaux ont l'obligation de préparer un plan de développement quinquennal ainsi qu'un programme d'investissement de trois ans. Pour ce, chaque conseil nomme un comité comprenant des représentants hommes et femmes de chaque village, des conseillers communaux, et un représentant de chaque ONG agréée par le conseil (Smoke, 2008).

Défis pour la gouvernance locale participative

- La décentralisation fiscale a été axée principalement sur les mesures de financement pour les communes avec peu d'intérêt pour la réforme des organes de gouvernance provinciaux et municipaux (CDRI, 2011).
- Bien que le cadre juridique et la stratégie globale de la décentralisation aient été mis en place, les détails manquent sur leur mise en œuvre (Smoke, 2008).
- Freedom House, qui est une organisation mondiale bipartisane qui travaille sur la promotion de la démocratie, a condamné la violence post-électorale en 2013 qualifiant les interventions policières contre les manifestants de « revers pour la démocratie» (Freedom House, 2013).

Liste des sources:

Cambodian Center for Human Rights (CCHRC), 2012. "Female Political Representation and Electoral Gender Quota Systems."

The Cambodian Civil Society Partnership (CCSP), 2013: http://www.ccsp cambodia.org/index.php/overview

Cambodian Development Resource Institute (CDRI), 2011. "Fiscal Decentralization in Cambodia: A Review of Progress and Changes."

The Cambodian National Budget, 2013. "Law on Public Finance."

Community Capacities for Development (CCD), n.d.: http://www.ccdcambodia.org/

Freedom House, 2013: "Post-election violence in Cambodia a setback for democracy."

The National Committee for Sub-National Democratic Development (NCDD), 2014. "National Program."

The National League of Communes/Sangkats, 2012: http://www.nlcs.org.kh/Page/EN/index.html

Smoke, P. and Morrison, J., International Center for Public Policy, Andrew Young School of Policy Studies, 2008. "Decentralization in Cambodia: Consolidating Central Power or Building Accountability from Below?"

United Cities and Local Governments (UCLG), 2010: "Local Government Finance: The Challenges of the 21st Century."

United Cities and Local Governments (UCLG), 2008. "Asia Pacific."

Le grade IDLP	48
Population	29 699 631
Le grade IDH	150/187
Le score IDH	0,495

Le Cameroun continue de faire des progrès en matière de transfert de responsabilités au niveau local. Cependant, la décentralisation fiscale, le manque de capacités locales et l'absence d'une société civile forte continuent d'entraver le processus (GIZ, sd).

Aperçu bref sur la gouvernance locale

- Le Cameroun est divisé en 10 régions administratives, chacune divisée en divisions, et les divisions en sous-divisions. Le nombre des collectivités locales s'élève à 376, dont 14 conseils municipaux, et 42 sous-divisions au sein des conseils des villes (CLGF, 2013).
- Les conseillers sont élus au suffrage universel pour un mandat de cinq ans. Alors que les conseils et les conseils de sous-division sont dirigés par un maire élu au suffrage direct par les conseillers, les conseils municipaux sont dirigés par un organisme du gouvernement nommé par le président (CLGF, 2013).
- Le Ministère de l'Administration Territoriale et de la Décentralisation (MINATD) est responsable des relations entre le gouvernement central et local. Il supervise également les autorités régionales et locales et leurs politiques de décentralisation (CLGF, 2013).
- Le Cameroun n'a pas de quotas genre au niveau sub-national (Projet de Quota, 2013).

Acteurs de la société civile

- Réflexion et Actions concrètes pour le Développement en Afrique (RECAAD-Cameroun) est une organisation de société civile qui cherche à promouvoir la bonne gouvernance, et se bat pour les droits de l'homme et l'éradication de la corruption (RECAAD-Cameroun, 2014).
- Le Réseau Zenü se compose de plusieurs acteurs de la société civile qui travaillent avec les autorités régionales et locales ainsi que les associations et les mouvements à identifier et à renforcer la gouvernance locale (Zenü Network 2012).

Institutions de renforcement des capacités

- Le Centre de Formation de Gouvernement local est un centre de formation pour les fonctionnaires des gouvernements locaux actuels et nouveaux et le personnel. Il est supervisé par le MINATD (CLGF, 2013).
- Communes et Villes Unies du Cameroun (UCCC) est une association de tous les conseils du Cameroun. Elle vise à contribuer au processus de décentralisation. Elle soutient, également, ses membres avec l'aide financière et le renforcement des capacités entre autres (UCCC, 2014).

Le contrôle fiscal

- Les autorités locales peuvent augmenter les taxes et les frais du prélèvement d'affaires annuel jusqu'à 200 $ US (CLGF, 2013).
- Le budget local provient des transferts du gouvernement central à travers le MINATD via le Fonds Spécial du Conseil de Soutien d'Assistance mutuelle (FEICOM) (CLGF, 2013).

Les principales initiatives en matière de gouvernance locale participative

- La Constitution de 1972 et la Stratégie de Réduction de la Pauvreté de 2009 ont toutes les deux définit la gouvernance locale comme un moyen d'améliorer la prestation des services, la responsabilisation des fonctionnaires, d'alléger les tensions régionales, de favoriser l'intégration et la gestion de l'environnement (World Bank, 2012).
- La Constitution de 1996 reconnaît le caractère décentralisé de l'Etat et officiellement a créé la Région en tant qu'autorité locale et régionale (Constitution of Cameroun, 1996).
- En 2004, plusieurs lois ont été adoptées pour finalement fixer un [ancien] cadre juridique de la décentralisation qui comprend un transfert de pouvoir aux entités locales. Cette dévolution portait les moyens financiers, matériels et humains ainsi que la mise en place du Conseil national de la décentralisation, et un Comité interministériel des services locaux (Cheka, 2007).

Défis pour la gouvernance locale participative

- La Banque mondiale affirme que «le cadre juridique du Cameroun relatif à la décentralisation est (...) contradictoire, et à bien des égards ouvert à différentes interprétations. La principale difficulté est que les fonctions décentralisées sont mal définies et ne se distinguent pas des opérations dites « déconcentrées» de l'administration centrale » (World Bank, 2012).
- Malgré les lois de décentralisation forte, le Cameroun ne dispose pas d'une stratégie efficace et un plan opérationnel pour la décentralisation (World Bank, 2012).
- Le petit budget consacré aux municipalités conduit souvent à un manque de personnel qualifié entraînant des entraves à l'exercice correct des tâches demandées (Desbrosses, 2014).
- En 2008, les amendements constitutionnels prévoyaient un niveau intermédiaire provincial / régional de l'administration locale. Toutefois, cela n'a pas encore été réalisé (CLGF, 2013).

Liste des sources:

Cheka, C., 2007, African Development: "The State of the Process of Decentralisation in Cameroon."

Commonwealth Local Government Forum (CLGF), 2013: "Country Profile: The local government system in Cameroon."

Constitution of the Republic of Cameroon, 1996: http://confinder. richmond.edu/admin/docs/Cameroon.pdf.

Desbrosses, A., 2014, WikiTerritorial du CNFPT: "La décentralisation au Cameroun: un goût d'inachevé."

Deutsche Gesellschaft fur Internationale Zusammenarbeit (GIZ), n.d.: "Cameroon."

United Councils and Cities of Cameroon (UCCC), 2014: www.cvuc.cm/national/index.php/en.

Quota Project, 2013: "Cameroon."

Reflection and Concrete Actions for Africa Development (RECAAD-Cameroon), 2014: www.unodc.org/ngo/showSingleDetailed.do?req_org_uid=21764.

World Bank, 2012: "Cameroon - The Path to Fiscal Decentralization: Opportunities and Challenges."

Zenü Network, 2012: www.zenu.org/spip.php.

Le grade IDLP	37
Population	17 464 814
Le grade IDH	40/187
Le score IDH	0,819

L'histoire du régime militaire au Chili a contribué à son processus de décentralisation du fait que plusieurs responsabilités ont été transférées aux municipalités dans les années 1980. L'histoire récente de la démocratie au Chili a commencé en 1992 lorsque le pays a organisé ses premières élections démocratiques pour le leadership local. (UCLG, 2007).

Aperçu bref sur la gouvernance locale

- Le pays se divise en15 régions, chacune dirigée par un chef directeur nommé par le conseil régional (UCLG, 2010).
- Les 345 municipalités sont dirigées par des maires et des conseillers élus par le peuple (UCLG, 2010).
- Le ministère de l'Intérieur détient la responsabilité des autorités locales (UCLG, 2010).
- Le Chili n'adopte pas de quota de genre local législatif (Quota Project, 2014).

Acteurs de la société civile

- Action Pour la Terre promeut la participation des citoyens et la transparence pour les questions environnementales et de développement qui intéressent le Chili (Action for the Earth, 2014).
- Corporacion Proyectamérica est un centre pour le dialogue et l'échange d'informations dans la société civile (Poderopedia, 2013).

Institutions de renforcement des capacités

- L'Association Chilienne des Municipalités représente les municipalités pour aider aux efforts de décentralisation et améliorer l'accès des citoyens à des pratiques participatives (AChM, 2013).
- Le Secrétariat Pour le Développement Régional et administratif (SUBDERE) aide au développement des régions et les municipalités en renforçant leur capacité en matière de bonne gouvernance.

Le contrôle fiscal

- Au cours des dernières années, le gouvernement fédéral a transféré 13,2% des recettes totales aux administrations municipales (UCLG, 2007).
- Les dépenses des collectivités locales au Chili est de 12,8% des dépenses totales du gouvernement, soit 2,4% du PIB (UCLG, 2007).
- Les gouvernements locaux bénéficient des taxes de la propriété urbaine, l'alcool et les taxes d'immatriculation des véhicules, ainsi que celles des services publics, les amendes et les frais de permis aussi. Ils sont également autorisés à fixer les taux d'imposition et les taxes sur le change conformément aux lois en vigueur (UCLG, 2010).

Les principales initiatives en matière de gouvernance locale participative

- Le programme de décentralisation de l'éducation des années1980 a transféré le contrôle des écoles publiques entre les mains des institutions privées. Cela a renforcé la qualité de l'enseignement et a favorisé la concurrence entre les écoles pour amener les élèves et les familles à investir dans l'enseignement scolaire (World Bank, 2004).
- En 2005, l'Association Chilienne des Municipalités a initié une réforme municipale consistant à élargir le champ de la gouvernance aux administrateurs municipaux et promouvoir la collaboration entre les gouvernements municipaux. Cette démarche a généré une augmentation des dépenses sur les collectivités locales qui se sont élevées à 30% du revenu national total (UCLG, 2007).

Défis pour la gouvernance locale participative

- Les municipalités chiliennes sont limitées par leur dépendance au gouvernement fédéral. Il existe des fonds limités pour les municipalités. Aussi, les gouvernements locaux n'ont pas les ressources nécessaires pour mener à bien les tâches à réaliser (UCLG, 2007).
- L'évaluation du UNDP de leur travail au Chili de 2001 à 2009 indique que l'objectif de «faire avancer la décentralisation » n'est pas encore réalisé de manière significative UNDP, 2010).

Liste des sources:

Action for the Earth, 2014: http://www.accionporlatierra.cl/.

Chilean Association of Muncipalities (AChM), 2013: http://www.achm.cl/.

Poderopedia, 2012: http://www.poderopedia.org/cl/organizaciones/Corporacion_ProyectAmerica.

Quota Project, 2014: "Chile."

Secretariat for Regional and Administrative Development: http://www.subdere.gov.cl/.

United Nations Development Program (UNDP), 2010: "Executive Summary."

United Cities and Local Governments (UCLG), 2007: "Country Profile: Republic of Chile."

United Cities and Local Governments (UCLG), 2010: "Local Government Finance: The Challenges of the 21st Century."

World Bank, 2004: "Education Decentralization and Accountability Relationships in Latin America."

Le grade IDLP	21
Population	4 805 295
Le grade IDH	62/187
Le score IDH	0,773

Le Costa Rica est longtemps reconnu pour disposer de l'un des systèmes les plus centralisés de la gouvernance en Amérique Centrale. Depuis le début des années 2000, le gouvernement a pris des mesures pour promouvoir la décentralisation comportant la loi de décentralisation fiscale de 2010 (Long, 2010).

Aperçu bref sur la gouvernance locale

- Le pays se compose de sept provinces, chacune dirigée par un gouverneur nommé par le président. Les provinces sont divisées en 81 districts (Cantons) avec les maires locaux (Encyclopedia Britannica, 2013).
- Les conseils des Districts (Districtos) municipaux sont élus par le peuple (UCLG, 2007).
- L'Office National des Finances et des Comptes, le département du Trésor, l'Institut de Promotion Municipale et de l'Evaluation et parfois le ministère présidentielle régissent et supervisent la gouvernance locale (UCLG, 2007).
- Selon la loi sur les quotas de 2009, 50% des candidats sur une liste de parti doivent être des femmes et on ne peut répertorier deux personnes du même sexe par la suite. Les autorités électorales ont le droit de rejeter les listes qui ne respectent pas ces mesures (Quota Project, 2014).

Acteurs de la société civile

- Jeunes citoyens en action est un projet soutenu par la Fondation Paniamor et le Fonds des Nations Unies pour la Démocratie en vue de renforcer la participation des jeunes dans la prise des décisions locales (Paniamor Foundation, sd).
- Fondation DEMUCA renforce l'administration municipale en créant des unités techniques capables de soutenir les activités pour lesquelles elles n'ont pas suffisamment de fonds (DEMUCA Foundation, 2014).

Institutions de renforcement des capacités

- L'Union Nationale des Gouvernements Locaux (UNGL) offre une formation à travers l'organisation des séminaires et des ateliers pour soutenir la gestion municipale (UNGL, 2014).
- L'Institut des Capacités Municipales et de la Formation et du Développement Local à l'Universidad Estatal a Distancia (UNED) fournit de l'aide aux autorités municipales via des formations sur la gestion du développement municipal et communautaire (UNED, sd).

Le contrôle fiscal

- Les municipalités collectent les impôts à utiliser pour les services publics, mais le Congrès doit approuver les impôts locaux (UCLG, 2010).
- La loi de 2010 exige que l'administration centrale transfère au moins 10% des fonds fédéraux au niveau local en 2017 et œuvrer à ce que les entités locales aient la capacité de gérer ces fonds de manière appropriée (Long, 2010).

Les principales initiatives en matière de gouvernance locale participative

- Le gouvernement central a lancé plusieurs réformes vers la fin des années1990, comportant celle du Code Municipal ; cela promeut la décentralisation et la participation des citoyens (Ryan, 2012):
  ○ Les élections exécutives municipales passent à une élection populaire dans laquelle les électeurs sont amenés à contrôler et approuver toute modification de la réglementation ainsi que les pratiques municipales.
  ○ Les réunions ouvertes (appelées cabildos) constituent un forum public sur les décisions ou les questions à débattre dans un district ou une municipalité.
  ○ Les maires sont tenus de fournir un aperçu annuel à l'égard du public dans lequel ils étalent les priorités de l'administration locale.
  ○ En 2010, une loi a été adoptée pour renforcer les municipalités et leur permettre davantage de ressources financières (Long, 2010).

Défis pour la gouvernance locale participative

- De nombreuses municipalités ont limité la gestion financière sans adopter de réglementation en matière d'administration des taxes (ICMA, 2004).
- Le manque de financement a empêché la mise en place d'une réglementation d'ensemble pour une formation appropriée du gouvernement municipal (ICMA, 2004).
- Le travail responsable et transparent limité et l'absence des plans de développement ne peuvent permettre une planification municipale axée sur les résultats (ICMA, 2004).

Liste des sources:

Demuca Foundation, 2014: http://www.demuca.org/.

Encyclopedia Britannica, 2013: "Costa Rica."

International City/County Management Association (ICMA), 2004: "Costa Rica Country Report: Trends in Decentralization, Municipal Strengthening, and Citizen Participation in Central America, 1995-2003."

Long, C., 2010, The Tico Times: "Bill to Strengthen Municipalities Signed into Law."

National Union of Local Governments (UNGL), 2014: http://www.ungl.or.cr/.

Paniamor-Foundation,n.d.: http://paniamor.org/Jovenes-Ciudadanos-En-Accion/undef.

Quota Project, 2014: "Costa Rica."

Ryan, J., 2012, Latin American Policy: "Decentralization in Costa Rica: The Effects of Reform on Participation and Accountability."

UN Democracy Fund (UNDEF), n.d.: http://www.un.org/democracyfund/

United Cities and Local Government (UCLG), 2007: "Country Profile: Republic of Costa Rica."

United Cities and Local Governments (UCLG), 2010: "Local Government Finance: The Challenges of the 21st Century."

Universidad-Estatal-a-Distancia(UNED),n.d.: http://www.uned.ac.cr/ifcmdl/index.php?option=com_content&view=article&id=130&Itemid=207.

Le grade IDLP	32
Population	20 316 086
Le grade IDH	168/187
Le score IDH	0,432

Au cours de la dernière décennie, le pays a durement souffert de l'instabilité politique et la violence intestinale. Et d'une guerre civile qui a éclaté en 2002. La violence a secoué le pays après les élections de 2010 et 2013. La mise en œuvre des réformes fiscales et administratives dans un climat tendu et agité comme celui-ci, n'a pas été stable ni cohérente (Freedom House, 2014; UCLG, 2008b).

Aperçu bref sur la gouvernance locale

- La Côte d'Ivoire se compose de 31 provinces, 81 départements et 197 communes (DGDDL, 2010).
- Les conseils municipaux sont élus au suffrage direct pour un mandat de cinq ans. Les dirigeants locaux sont indirectement nommés (UCLG, 2010).
- Les municipalités sont responsables de l'aide sociale (UCLG, 2010).
- Au niveau national, la Direction générale de la Décentralisation et du Développement Local (DGDDL), au sein du Ministère d'Etat, de l'Intérieur et de la Sécurité, s'occupe du soutien financier des gouvernements locaux, du renforcement des capacités et de l'assistance technique, (DGDDL, 2010).
- La Côte d'Ivoire ne dispose pas d'une de quota genre législatif au niveau sub-national (Quota Project, 2013).

Acteurs de la société civile

- La Coalition de la Société Civile pour la Paix et le Développement Démocratique en Côte d'Ivoire (COSOPCI) est une organisation qui travaille dans plusieurs domaines pour renforcer la cohésion sociale et développer le sens de responsabilité. Cela comporte aussi la promotion de la réconciliation après les années de conflits et la formation des dirigeants locaux élus sur la bonne gouvernance et l'engagement de la société civile (COSOPCI, 2010).
- Le Centre de Recherche et d'Action pour la Paix (CERAP) s'active sur les questions des droits de l'homme à travers l'action sociale, les publications et la formation en matière du renforcement des capacités (CERAP, 2014).

Institutions de renforcement des capacités

- L'Union des Villes et Communes de Côte d'Ivoire (UVICOCI) a été créé en 1993 par des dirigeants municipaux pour aider à la réussite de la politique de décentralisation du gouvernement (UVICOCI, sd).

Le contrôle fiscal

- Le gouvernement local ne prélève aucun impôt certes, mais peut modifier les taux et reçoit une part des recettes fiscales du gouvernement central (UCLG, 2008a).
- En 2007, les dépenses des collectivités locales sont estimées à 11% du total des dépenses publiques (UCLG, 2010).

- Le Fonds de Prêt aux Collectivités Locales (FPCL) fournit des prêts aux gouvernements locaux ; son capital provient du gouvernement central et la communauté internationale (UCLG, 2010).

Les principales initiatives en matière de gouvernance locale participative

- En 2002, le pays a tenu ses premières élections pour les conseils départementaux (UNPAN, 2007).
- En 2010, la violence éclate et advient une crise politique majeure suite au refus du président Gbagbo de démissionner après les élections. En 2011, la situation est suffisamment bonne pour permettre d'organiser des élections législatives réussies (IMF, 2012).
- De 2009 à 2013, le gouvernement a pu réaliser ce qui suit:Un projet de plan de développement local avec une participation localeLa formation de dirigeants locaux - femmes en matière de leadership et la planification participativeLe gouvernement a diffusé un manuel de planification participative locale élaboré par le Ministère d'État, Ministère du Plan et du Développement (IMF, 2012).
- Des élections locales et régionales ont été tenu en 2013, marquant une avancée remarquable dans le retour progressif du pays à l'activité politique multipartite normale (Freedom House, 2014).

Défis pour la gouvernance locale participative

- Le plan de 2012 sur les pays, développé conjointement par le FMI et le gouvernement de la Côte d'Ivoire étale les défis suivants:
  - Faible taux de participation global des citoyens dans la gestion des communautés locales
  - L'absence d'une stratégie de décentralisation en relation avec les ressources pour financer le développement et l'exécution de cette stratégie (IMF, 2012).
- «Transparency International » range la Côte d'Ivoire parmi les pays les plus corrompus à cause du niveau élevé de la corruption dans ce pays (Freedom House, 2014).

Liste des sources:

Centre de Recherche et d'action pour la paix (CERAP), 2014: http://www.cerap-inades.org/.

Coalition de la Société Civile pour la Paix et le développement démocratique en Côte d'Ivoire (COSOPCI), 2010: http://www.cosopci-ci.org/.

Direction Generale de la Decentralisation et du Developpement Local (DGDLL), 2010: "Missions et Attributions."

Freedom House, 2014: "Côte d'Ivoire."

International Monetary Fund (IMF), 2012: "Côte d'Ivoire: Poverty Reduction Strategy Paper Progress Report."

Union des Villes et Communes de Côte d'Ivoire (UVICOCI), n.d.: http://2gwebhost.com/templates_sav/uvicoci/statut.html.

United Cities and Local Governments (UCLG), 2008a: "Decentralization and local democracy in the world."

United Cities and Local Governments (UCLG), 2008b: "Republic of Côte d'Ivoire."

United Cities and Local Governments (UCLG), 2010: "Local Government Finance: The Challenges of the 21st Century."

United Nations Public Administration Network (UNPAN), 2007: "Côte d'Ivoire: Public Administration Country Profile."

Quota Project, 2013: "Côte d'Ivoire."

Le grade IDLP	3
Population	91 728 849
Le grade IDH	173/187
Le score IDH	0,396

L'Ethiopie était un pays centralisé pendant le 19e et le 20e siècle. Dans les deux dernières décennies, le pays a connu deux séries de décentralisation qui ont apporté des changementsdans les domaines politique, fiscale et administratif (USAID, 2010).

Aperçu bref sur la gouvernance locale

- L'Ethiopie est une république fédérale adoptant cinq niveaux administratifs: fédéral, régional, zonal, niveau de district (woredas) et kebele (zones villageoises) (IFPRI, 2011).
- Le pays est régi par neuf gouvernements régionaux et deux administrations de la ville. Au niveau zonal, les cabinets sont nommés par le gouvernement régional, sauf dans une zone. Au niveau des woreda de district dans les zones rurales, les conseils représentatifs sont élus directement par la population locale. Les conseils représentatifs nomment les organes exécutifs et judiciaires dans les woredas urbains et les administrations de la ville (USAID, 2010).
- L'Ethiopie n'adopte pas de quota genre législatif entre les sexes. Toutefois, le parti qui gouverne le pays actuellement prévoit un quota de 30% (IDEA, 2012).

Acteurs de la société civile

- Vision Congrès Ethiopien pour la Démocratie (VECOD) milite sur le plan de la sensibilisation à la citoyenneté démocratique, la gouvernance démocratique et le leadership. Il prodigue aussi des cours de formation sur les compétences en leadership, l'éducation civique et les outils de gestion (VECOD, sd).
- L'Ethiopien Institut International pour la Paix et le Développement (EIIPD) fournit des formations en matière d'éducation civique et électorale qui mettent l'accent sur les indicateurs de la gouvernance démocratique, la politique participative, et l'égalité des sexes dans la gouvernance (EIIPD, 2014).

Institutions de renforcement des capacités

- L'Université Ethiopienne du Service Civile (ECSU) offre du conseil et de la formation académique sur la décentralisation, les finances municipales, la prestation de service public et la bonne gouvernance aux niveaux fédéral et régional (ECSU, 2010).
- Le Programme de promotion des services de base de l'an 2006 travaille pour améliorer l'accès aux services de base, renforce le « système décentralisé de gestion financière publique», et crée les canaux et outils par lesquels les citoyens peuvent acheminer une rétroaction aux administrateurs locaux sur la prestation des services (World Bank, 2013).

Le contrôle fiscal

- Les gouvernements au niveau régional et celui des districts et perçoivent des subventions d'un seul niveau de gouvernement supérieur. Ces fonds constituent leur source de financement la plus importante. Ils sont octroyés dans le but de « redresser les déséquilibres verticaux de revenus par rapport à l'affectation des dépenses entre les administrations fédérales et régionales» (World Bank, 2008).
- La répartition des fonds fédéraux varie selon les régions et sont relatifs aux besoins et à la valeur des revenus (USAID, 2010).

Les principales initiatives en matière de gouvernance locale participative

- En 1992, le gouvernement de transition de l'Éthiopie a lancé la décentralisation en déléguant des « responsabilités administratives importantes » aux régions, en leur octroyant un «pouvoir discrétionnaire substantiel» pour mettre en œuvre les politiques décidées par le gouvernement central (IFPRI, 2011).
- Dans la première phase, une structure de gouvernance à quatre niveaux (centre, régions, zones et districts) a été créée. Les gouvernements régionaux ont été chargés de la prestation des services publics comme l'éducation et la santé (World Bank, 2008).
- Une «décentralisation massive de ressources fiscales» dans les régions a eu lieu en 1994 et dans les woredas entre 2002 et 2003, ce qui a amélioré la prestation des services de base (World Bank, 2008).
- En 2002 et 2003, les gouvernements de district dans quatre des plus grandes régions ont été investis de plus de responsabilité sur les biens et services publics,la planification et la budgétisation (IFPRI, 2011).

Défis pour la gouvernance locale participative

- De nombreux districts ne disposent ni de la capacité ni du personnel qualifié ni de l'infrastructure pour appuyer les progrès réalisés dans les réseaux d'eau, d'électricité, et de la communication (World Bank, 2008).
- Les administrations de district dépendent presque exclusivement des subventions globalesinconditionnelles des gouvernements régionaux. Environ 90% de ces subventions sont dépensées sur les salaires et les coûts opérationnels. Une petite partie est investie dans la prestation des services (World Bank, 2008).
- Alors que le recouvrement des recettes est encore centralisé, les dépenses sont décentralisées. Cela donne un atout de (à effet de levier) au gouvernement central sur les dépenses régionales (USAID, 2010).

Liste des sources:

Ethiopian Civil Service University (ECSU), 2010: http://www.ecsc.edu.et/.

Ethiopian International Institute for Peace & Development (EIIPD), 2014: http://eiipdethiopia.org/.

International Institute for Democratic and Electoral Assistance (IDEA), 2012: "Ethiopia."

International Food Policy Research Institute (IFPRI), 2011, Cohen, M. and M. Lemma: "Agricultural Extension Services and Gender Equality."

United States Agency for International Development (USAID), 2010: "Comparative Assessment of Decentralization in Africa: Ethiopia Desk Study."

Vision Ethiopian Congress for Democracy (VECOD), n.d.: http://www.vecod.org.et/.

World Bank, 2008, Garcia, M. and A. Rajkumar: "Achieving Better Service Delivery through Decentralization in Ethiopia."

World Bank, 2013: "Q&A: Ethiopia's Promoting Basic Services (PBS) III Program."

Le grade IDLP:	25
Population	15 082 831
Le grade IDH	133/187
Le score IDH	0,581

Les efforts déployés dans le sens d'instaurer la décentralisation au Guatemala ont abouti à un meilleur équilibre des pouvoirs et a rendu les gouvernements locaux indépendants et plus forts. Toutefois, le petit budget alloué et son transfert limité par le gouvernement central entrave le développement municipal (UCLG, 2008).

Aperçu bref sur la gouvernance locale

- Le pays est divisé en 22 départements et 332 communes. Chaque département est dirigé par un Conseil Ministériel pour le Développement. Ce dernier est élu par un vote à la majorité. Un gouverneur, choisi par le président, supervise les conseils. Les municipalités sont dirigées par un conseil municipal élu et un maire élu directement par le peuple (UCLG, 2008).
- Au niveau national, les représentants gouvernementaux dressent et définissent les enjeux et problèmes à traiter en matière de décentralisation à une cadence mensuelle. Le ministère de l'Intérieur supervise l'autorité des gouvernements locaux (World Bank, 2005; UCLG, 2008).
- Le Guatemala ne dispose pas de quota genre, légalement établi, au niveau sub-national (Quota Project, 2014).

Acteurs de la société civile

- L'Association des Enquêtes et Etudes Sociales (ASIES) renforce les activités qui favorisent la participation du public. Elle constitue un forum national ouvert aux citoyens pour réfléchir et discuter des concepts politiques, sociaux et économiques (ASIES 2012).
- L'Action Citoyenne est une branche de Transparency International. Elle s'active pour lutter contre la corruption au Guatemala et promouvoir la démocratie et la participation citoyenne (Citizen Action, 2012).

Institutions de renforcement des capacités

- L'Association Guatémaltèque des Maires et des Collectivités Autochtones (AGAAI) se focalise sur le renforcement du travail des municipalités, la promotion de l'égalité des sexes et fournit de l'appui aux communautés autochtones (AGAAI, 2010).
- L'Association Nationale des Municipalités du Guatemala (ANAM) est un organisme privé qui se donne comme mission d'appuyer les municipalités et promouvoir le leadership local (ANAM, sd).

Le contrôle fiscal

- Les budgets des municipalités sont constitués de deux sources. La première est celle des revenus limités recueillies par les impôts, la seconde c'est les transferts provenant du gouvernement central. La Constitution de 1985 stipule que 10% des recettes générales du gouvernement central doivent être transférées aux municipalités (World Bank, 2013).

Les principales initiatives en matière de gouvernance locale participative

- Lorsque le Guatemala fait son retour à la démocratie en

1994, une nouvelle Constitution a été établie en mai 1985. C'était le départ du processus de décentralisation, définissant «la décentralisation comme une réforme administrative et économique qui doit être basée sur la participation des citoyens » (Ruano, 2012). Les lois majeures et réformes concernant la décentralisation sont établies à la suite des Accords de paix de 1996 (Ruano, 2012).

- En 2002, une Loi de Décentralisation, une révision du Code Municipal et un nouveau système de conseil de développement social ont été adoptées. Ce bloc de lois a donné lieu au transfert des pouvoirs et des responsabilités aux municipalités et aux autres organes exécutifs (Ruano, 2012).
- Le Forum sur la décentralisation au Guatemala, lancé en 2005, présente un programme organisé pour les pouvoirs publics de se rencontrer, de discuter des défis auxquels fait face la décentralisation et de rencontrer différents experts (World Bank, 2005).
- Le Programme de Formation Radio Municipal du Guatemala est une initiative de la Banque Mondiale visant à améliorer la politique de décentralisation de ce pays. Les cours et prestations fournis dans ce sens profitent à l'éducation des citoyens, en particulier les dirigeants communautaires, les responsables gouvernementaux et les personnes intéressées à participer à l'administration locale, à la loi, à la façon de formuler les demandes du public et de faire des investissements municipaux (World Bank, 2007).

Défis pour la gouvernance locale participative

- Les municipalités ont des défis financiers à relever: c'est le congrès qui détermine les impôts. Aussi sont-elles dépendants des transferts du gouvernement central. En outre, leur budget a tendance à s'affaiblir (CGLU, 2008; World Bank, 2013).
- La corruption continue de faire un problème grave. Dans l'indice de perception de la corruption 2013, Transparency International (TI) a classé Guatemala 123e sur 177 pays (TI, 2013).
- La montée de la criminalité organisée menace la stabilité de différentes régions et de l'Etat (USAID, 2014).

Liste des sources:

Association of Investigation and Social Studies (ASIES), 2012: http://www.asies.org.gt.

Citizen Action, 2012: http://www.accionciudadana.org.gt.

Guatemalan Association of Indigenous Mayors and Authorities (AGAAI), 2010: http://notiagaai.blogspot.com/p/agaai.html.

National Association of Municipalities of Guatemala (ANAM), n.d.: http://anam.org.gt/nueva/.

Quota Project, 2014: "Guatemala."

Ruano, A., 2012: "The role of social participation in municipal-level health systems: the case of Palencia, Guatemala."

Transparency International (TI), 2013: "Corruption by country/territory. Guatemala."

United Cities and Local Governments (UCLG), 2008: "Republic of Guatemala country profile."

USAID, 2014: "Guatemala. Democracy and Governance."

World Bank, 2005: "The Guatemala Decentralization Forum."

World Bank, 2007: "Guatemala Municipal Radio Training Program."

World Bank, 2013: "Towards Better Expenditure Quality. Guatemala Public Expenditure Review."

Le grade IDLP	37
Population	1 291 456
Le grade IDH	80/187
Le score IDH	0,737

L'Île Maurice est une république constitutionnelle dotée d'un système décentralisé de structures gouvernementales qui régissent les petites contrées insulaires du pays englobant l'île de Rodrigues, la plus grande île qui jouit de son propre gouvernement (CLGF, 2013).

Aperçu bref sur la gouvernance locale

- L'Île Maurice dispose de trois niveaux de gouvernement: le central, le local et le gouvernement du village. Le pays manque de disposition constitutionnelle concernant la réglementation du travail des collectivités locales à l'exception de l'Assemblée Régionale de Rodrigues (CLGF, 2013).
- Le gouvernement local à l'Île Maurice se décline en deux sortes: les conseils urbains, connus sous le nom des municipalités et les communes rurales (conseils de district) qui supervisent les conseils de village. Actuellement, il y a cinq conseils municipaux répartis sur sept zones géographiques. Dans les zones rurales, il existe un système à deux vitesses: sept conseils de district et 130 conseils de village (CLGF, 2013).
- Le Ministre des Collectivités locales et des îles éparses (MLGOI) est responsable de la supervision des autorités locales (CLGF, 2013).
- L'Acte du Gouvernement Local de 2011 (LGA) prévoit la tenue des élections du conseil municipal et du conseil du village tous les six ans. Les conseillers de district sont élus au suffrage indirect par scrutin secret des membres des conseils de village (CLGF, 2013).
- Les conseils du village sont tenus de tenir des réunions mensuelles pour débattre des affaires générales. Ils ont un président à temps partiel qui est élu tous les deux ans au scrutin secret par les conseillers du village (CLGF, 2013).
- Le LGA de 2011 stipule que «la liste des candidats de réserve pour l'élection des conseillers municipaux de ville, des conseillers municipaux ou conseillers des villages, pour tout besoin de vacance qui peut se produire entre deux élections, ne doit pas comporter plus de deux tiers des personnes du même sexe et pas plus de deux candidats consécutifs sur la liste ne doivent être du même sexe »(Quota Project, 2014).

Acteurs de la société civile

- Le Réseau Allié de la Politique, de la Recherche et l'Action pour le Développement Durable (ANPRAS) œuvre pour une vie durable au niveau des besoins de base par le biais d'actions communautaires et encourage la recherche sur les politiques et les publications universitaires (ANPRAS, 2013).
- Le Conseil Mauricien des Services Sociaux (MACOSS) est une organisation coiffant toutes les ONG qui promeuvent le développement social et communautaire et les actions volontaires (MACOSS,2012).

Institutions de renforcement des capacités

- Il n'y a actuellement que deux associations de gouvernement local à l'Ile Maurice qui unissent les gouvernements locaux sur diverses questions. Il s'agit de l'Association des Autorités Urbaines et l'Association des Conseils de District (CLGF, 2013).
- Le Ministre des Collectivités locales et des îles éparses (MLGOI) œuvre dans le sens de d'offrir le soutien nécessaire aux autorités locales afin de leur permettre de gérer les affaires des communautés locales réellement et efficacement (MLGOI, sd).

Le contrôle fiscal

- Les conseils municipaux et de district sont habilités à percevoir des recettes à travers les frais suivants: le secteur de construction et les permis d'usage des terrains, le commerce, les marchés, les cimetières, les services d'entretien urbain, les frais de la circulation et des publicités. Les conseils municipaux peuvent également augmenter leurs recettes grâce au taux général de la propriété (CLGF, 2013).
- La «subvention en aide» annuel pour toutes les collectivités locales est votée en début de l'exercice en tant que partie du du budget MLGOI. Elle est distribuée en versements mensuels à chaque autorité locale dans le pays (CLGF, 2013).

Les principales initiatives en matière de gouvernance locale participative

- Le LGA de 2011 prévoit l'établissement de processus de consultation avec la société civile sur les questions de gouvernance locale et de la tenue des élections de conseil municipal et du village tous les six ans (CLGF, 2013).
- En 2012, le gouvernement, en collaboration avec les autorités locales, a lancé un portail e-gouvernement permettant aux gens publics d'accéder à l'information, de remplir directement des fiches électroniques, effectuer des demandes et créer des fichiers de plaintes(CLGF, 2013).

Défis pour la gouvernance locale participative

- La représentation politique et la participation des femmes reste faible malgré les dispositions légales promulguées dans ce sens. Les comportements et attitudes qui empêchent la participation des femmes dans la gouvernance locale restent inchangés (Bunwaree et Kasenally, 2005).
- Malgré le système de contrôle budgétaire relativement decentralisé, les allocations financières pour les collectivités locales doivent être approuvées par le MLGOI. Ce dernier approuve également le versement, le retrait, et la réaffectation des fonds. L'annulation des créances douteuses nécessite également l'approbation du ministre (CLGF, 2013).

Liste des sources:

Allied Network for Policy, Research & Actions for Sustainability (ANPRAS), 2013: http://www.anpras.org/

Bunwaree, S. and R. Kasenally, 2005: "Political Parties and Democracy in Mauritius."

Commonwealth Local Government Forum (CLGF), 2013: "Country Profile: Mauritius."

Mauritius Council of Social Service (MACOSS), 2012: http://www.maoss.intnet.mu/,

Ministry of Local Government and Outer Islands (MLGOI), n.d.: http://localgovernment.gov.mu/English/AboutUs/Pages/Mission-and-Vision.aspx.

Quota Project, 2014: "Mauritius."

Le grade IDLP	25
Population	1 236 686 732
Le grade IDH	136/187
Le score IDH	0,554

La constitution de l'Inde appelle à une démocratie locale, participative et fortement décentralisée. Toutefois, les gouvernements des Etats s'abstiennent souvent à transférer des pouvoirs au niveau local (Rao et Raghunandan, et al., 2011).

Aperçu bref sur la gouvernance locale

- L'Inde est une république fédérale avec un Etat central et des gouvernements. Elle est constituée de 28 Etats et sept territoires, qui sont régis par le gouvernement central. Le gouvernement local est divisé en collectivités urbaines (municipalités) et des autorités rurales (panchayats) (UCLG, 2007; CLGF, 2013).
- En Inde, il existe trois types de communes. Un panchayat Nagar est une commune se trouvant entre le rural et l'urbain, les conseils municipaux sont des régions urbaines plus petites, et les corporations municipales sont les grandes zones urbaines (CLGF, 2013).
- Dans la plupart des Etats, le système de panchayat consiste en une structure à trois niveaux: le village, l'intermédiaire et le district. Au niveau du village, les citoyens élisent leur conseil d'administration (gram panchayat) et son président qui siège au conseil de panchayat intermédiaire. Le conseil de panchaya intermédiaire élit des représentants au panchayat de district (Encyclopedia Britannica, 2013).
- Les lois de l'Etat municipal ordonne que les municipalités urbaines de plus de 300.000 personnes doivent élire des comités de quartier dirigées par des conseillers (CLGF, 2013).
- Le travail de dévolution du pouvoir et le développement des institutions locales incombe à l'État. Les gouvernements locaux sont sous le contrôle des gouvernements des États, dont le gouverneur est nommé par le président (UCLG, 2007).
- Selon la Constitution, 33% de tous les sièges au sein des organes de l'administration locale doivent être réservés aux femmes. Certains États ont élevé de taux à la moitié des sièges dans les panchayats et les municipalités (Quota Project, 2014).

Acteurs de la société civile

- La Société pour la Promotion des Centres Locaux de Ressources (SPARC) encourage la participation de la communauté aux côtés des autorités locales pour relever les défis de la croissance de la population urbaine (SPARC, sd).
- L'institut All India pour l'Auto-Gouvernement (AIILSG) est une institution autonome de recherche et de formation qui travaille pour le renforcement de la gouvernance locale en milieu urbain et le partage des meilleures pratiques. Il assurer aussi la fortification des capacités et de la formation (AILLSG, 2014).

Institutions de renforcement des capacités

- Créée en 2007, la Decentralization Community of Practice (CoP) fédère les personnes travaillant pour le renforcement de la gouvernance locale. Cet organe travaille notamment sur la décentralisation politique, fonctionnelle, administrative et financière dans les zones urbaines et rurales. Il est sponsorisé par l'Unité de la Gouvernance Démocratique relevant du PNUD (CoP, 2011).
- Le Conseil National de Recherche Economique Appliquée (NCAER) s'occupe de l'analyse des aspects de la gouvernance rurale afin de déterminer si la décentralisation et les institutions gouvernementales peuvent effectivement atteindre une croissance inclusive et réduire la pauvreté (NCAER, 2012).

Le contrôle fiscal

- Les gouvernements locaux peuvent imposer des taxes, des frais d'utilisation, et d'autres frais. Les taxes foncières municipales représentent près de 60% des recettes. Quelques villes prélèvent des taxes sur les marchandises entrantes. Les Panchayats reçoivent des transferts intergouvernementaux qui représentent environ 90% des recettes du panchayat rural (UCLG, 2007; Rao et Raghunandan et al, 2011).
- La majorité des projets d'infrastructure urbaine entrepris par les gouvernements locaux municipaux dépendent principalement de fonds octroyés par les gouvernements de l'État et d'autres agences (CLGF, 2013).

Les principales initiatives en matière de gouvernance locale participative

- En 1959, une série de comités ont assuré l'évolution du cadre institutionnel de l'Inde pour le gouvernement local. Cela a finalement conduit à adopter les 73 e et 74 e amendements constitutionnels visant à régir la décentralisation rurale et traiter de la décentralisation urbaine (UCLG, 2007).
- En 1992, les 73e et 74e amendements sont adoptés. Ils prévoient la création de la structure du gouvernement local à trois niveaux, adopter les élections directes dans les zones urbaines et rurales, donner une plus grande autorité politique et financière aux panchayats et des sièges réservés aux castes et tribus répertoriées (UCLG, 2007; World Bank, 2013).
- En 2010, l'Inde a mis en œuvre l'outil de règlement des plaintes du public et le système de surveillance pour les plaintes des citoyens. Grâce à cela, les citoyens peuvent présenter leurs réclamations et suivre leur cours. Ce mécanisme de reddition de comptes améliore le service de la fonction publique et de la prestation d'écoute des préoccupations des citoyens (Zeenews, 2012).
- Chaque année, le ministère de Panchayati Raj (MPR) évalue la dévolution des Etats et publie les classements sur le site Web de leur MPR (MPR, 2014).

Défis pour la gouvernance locale participative

- Les Etats ont été obligés à transférer les pouvoirs aux gouvernements locaux (Rao et Raghunandan, et al., 2011).
- «Malgré la reconnaissance constitutionnelle, la conception et la mise en œuvre de la décentralisation rurale ne permettent pas aux panchayats de devenir des institutions d'autogouvernement en milieu rural » (Rao et Raghunandan et al., 2011).
- Afin d'agir comme une institution fonctionnelle de l'autonomie gouvernementale, les panchayats ont besoin "d'une plus grande volonté politique et d'une décentralisation fiscale efficace » (Mohapatra, 2012).

Liste des sources:

All India Institute of Local Self-Government (AIILSG), 2014: http://www.aiilsg.org/.

Commonwealth Local Government Forum (CLGF), 2013: "Country Profile: India."

Encyclopedia Britannica, 2013: "India. State and local governments."

United Cities and Local Governments (UCLG), 2007: "UCLG Country Profiles: Republic of India."

Ministry of Panchayati Raj (MPR), 2014: "Ranking of States/UTS based Devolution of Funds, Functions and Functionaries to PRIS."

Mohapatra, B., 2012: "Local Self-Governing Institutions and Fiscal Decentralisation in India: Form to Function."

National Council of Applied Economic Research (NCAER), 2012: http://www.ruralgov-ncaer.org/index.php.

Quota Project, 2014: "India."

Rao, M., and T. Raghunandan et al., 2011: "Fiscal Decentralization to Rural Local Governments in India: Selected Issues and Reform Options."

Society for the Promotion of Area Resource Centers (SPARC), n.d.: http://www.sparcindia.org/.

World Bank, 2013, Mansuri, G. and V. Rao: "Localizing Development. Does Participation Work?"

Decentralization Community of Practice (CoP), 2011: www.in.undp.org/content/india/en/home/ourwork/democraticgovernance/decentralization-community--solution-exchange-india/.

Zeenews.com, 2012: "Over 27,000 public grievances received in 2011."

Le grade IDLP	6
Population	246 864 191
Le grade IDH	121/187
Le score IDH	0,629

L'Indonésie a adopté une méthode de réformes de décentralisation un peu typiques au point qu'on les a appelées le «big bang ». Il y a eu un transfert relativement important de la plupart des fonctions gouvernementales de l'État profondément centralisé vers le niveau du district (World Bank, 2002).

Aperçu bref sur la gouvernance locale

- Les gouvernements locaux et provinciaux sont des organismes autonomes, administratifs et territoriales au sein de l'Etat unitaire. En sub-national, le pays est divisé en niveaux provincial et celui de la ville / district, chacun avec leurs propres organes législatifs et système de gouvernement (World Bank, 2006).
- Le parlement local est dirigé par un gouverneur, les gouvernements de la ville par un maire, et les gouvernements de district par un régent. Les maires et les gouverneurs sont élus directement (World Bank, 2006).
- Le ministère de l'Intérieur supervise les gouvernements locaux et le ministère des Finances ; et le Conseil suprême d'Audit est responsable des finances (UCLG, 2007).
- Les femmes doivent constituer plus de 30% des candidats pour les membres du Conseil représentant du peuple et de la Chambre Régionale des Représentants du niveau sub-national (Quota Project, 2014).

Acteurs de la société civile

- Le Partenariat pour la Réforme de la Gouvernance (Kemitraan) est un organisme qui travaille pour la promotion de la bonne gouvernance, la transparence, la décentralisation et pour une société civile responsabilisée au sein du gouvernement, la société civile et le secteur privé (Kemitraan, 2014).
- Satunama est une organisation qui s'active sur le plan de la transparence, la responsabilisation et la lutte contre la corruption dans la gouvernance par la création de réseaux internes et le renforcement de la coopération entre les individus, les organisations et les communautés (Satunama, 2011).

Institutions de renforcement des capacités

- L'Association Indonésienne des Municipalités (APEKSI) œuvre en matière d'activités de renforcement des capacités pour les gouvernements de la ville. Son travail comporte les débats sur les thèmes portant sur les finances locales, les réformes de la fonction publique, la corruption et la «planification de sensibilisation à la politique du genre et la budgétisation »(APEKSI, 2014).
- L'Association Indonésienne des Conseils Municipaux (ADEKSI) est constituée de 93 conseils municipaux. Son travail consiste à leur organiser des ateliers sur la bonne gouvernance. L'association consulte également les conseils municipaux sur l'élaboration et la mise en œuvre des règlements locaux avec la participation du public (DELGOSEA, 2014).

Le contrôle fiscal

- La loi 25/1999 exige que le gouvernement central transfère au moins 25% des revenus nets vers le niveau sub-national. Les 10% de ce montant sont transférés aux gouvernements provinciaux et 90% aux gouvernements locaux. Ces derniers dépendent principalement de ces transferts et en font usage en toute discrétion (World Bank, 2006).
- Le gouvernement central détermine les taxes et les tarifs locaux. Et les gouvernements locaux peuvent créer de nouveaux impôts locaux, mais ils sont soumis à l'approbation du gouvernement central (UCLG, 2007; UCLG 2010).

Les principales initiatives en matière de gouvernance locale participative

- En 1999, l '«autonomie de légiférer » a été adoptée ; chose qui a inauguré une nouvelle ère pour la décentralisation. La loi n ° 22/1999 a doté les districts de plus d'autonomie dans les travaux publics, la santé, l'éducation et d'autres secteurs. La loi n ° 25/1999 prévoit la décentralisation fiscale (UCLG, 2007).
- En 2004, l '«autonomie de légiférer » a été modifiée pour permettre l'élection directe des Bupati et maires (UCLG, 2007).
- En 2009, une nouvelle loi a mandaté le gouvernement sub-national pour avoir l'autorité sur les taxes foncières urbaines et rurales en vue de la poursuite des politiques de décentralisation sur cinq ans (UCLG, 2010).

Défis pour la gouvernance locale participative

- Alors que la décentralisation a accru les responsabilités des gouvernements locaux, les recettes fiscales restent très centralisées et les revenus autonomes des gouvernements provinciaux et locaux représentent seulement environ 8% des recettes (UCLG, 2010).
- La décentralisation a créé une plus grande indépendance locale et a généré un «ego local" qui peut se révéler contre-productif en cas de problèmes nécessitant une coopération avec d'autres régions (UNESCAP, 2003).

Liste des sources:

Association of Indonesian Municipalities (APEKSI), 2014: http://apeksi.or.id/.

Indonesian Municipal Councils Association (ADEKSI), 2013: http://www.adeksi.or.id/.

Partnership for Democratic Local Governance in Southeast-Asia (DELGOSEA), 2014: "ADEKSI - Association of Indonesian Municipal Councils Indonesia."

Quota Project, 2014: "Indonesia."

Sautanama, 2011: http://sautanama.org.

The Partnership for Good Governance Refor (Kemitraan), 2014:http://www.kemitraan.or.id/.

UN Economic and Social Commission for Asia and the Pacific (UNESCAP), 2003: "Country Reports on Local Government Systems: Indonesia."

United Cities and Local Governments (UCLG), 2007: "UCLG Country Profiles: Indonesia.

United Cities and Local Governments (UCLG), 2010: "Local Government Finance: The Challenges of the 21st Century."

United Nations Development Program (UNDP), 2012: "International Human Development Indicators: Indonesia."

World Bank, 2002, Hofman B. and K. Kaiser: "Can Decentralization Help Rebuild Indonesia?"

World Bank, 2006, Shah, A.: "Public Sector Governance and Accountability Series: Local Governance in Developing Countries."

Index de la Gouvernance en Indonésie (GII)
Lenny Hidayat, Partenariat pour la réforme de la gouvernance

Vue d'ensemble

L'Index de la Gouvernance en Indonésie (GII) est un modèle d'évaluation qui mesure la performance de la gouvernance dans quatre domaines provinciaux: les institutions politiques, la bureaucratie, la société civile et l'économie de société. Le GII a été efficace à permettre aux citoyens de tenir les gouvernements locaux responsables sur la base de publications de données et les résultats de recherche.

L'IGI mesure la fonctionnalité de la gouvernance locale au moyen d'un cadre de grille de 4x6 qui évalue les quatre domaines provinciaux contre six principes de bonne gouvernance: la participation, l'équité, la responsabilité, la transparence, l'efficience et l'efficacité. Dans chaque cellule, il ya des indicateurs que l'équipe IGI justifie en fonction de leur importance, la pertinence des processus de gouvernance, la disponibilité des données, le pouvoir discriminant, et la convergence entre les provinces. Il ya 89 indicateurs au niveau provincial et 133 indicateurs au niveau du district.

L'IGI produit des profils des provinces qui résument la performance de la gouvernance par le classement des domaines de la gouvernance tels que l'index de genre, l'environnement et l'engagement budgétaire pour les services de base et de l'investissement. Les profils incluent également l'analyse statistique des questions liées à la gouvernance et trois types de données qualifiées: objectif, perceptives et jugement. Tous les résultats sont agrégés en calculant un indice de 1 à 10 pour chaque indicateur. Les scores faibles de l'indice indiquent des performances inférieures pour chaque fonction individuelle; quand le score de l'indice est élevé, cela indique qu'il y a plus de synergie et d'interaction entre les arènes.

Les participants au programme

Depuis 2007, 102 chercheurs, près de 20% sont des femmes, et sept membres de la direction du projet ont été impliqués dans la conception de l'IGI.

L'IGI a connu la participation de 1857 personnes bien informées (WIP) de l'Indonésie à travers les quatre domaines provinciaux. Environ 10% étaient des femmes.

Cinquante experts ont veillé sur l'élaboration d'une plus récente méthode de l'IGI qui propose un modèle pour évaluer la prestation des services e-gouvernement en prestation forte ou faible et les sites électroniques idéaux au niveau des provinces et des districts.

Au cours d'un processus de développement de huit ans, on a élaboré plus de 26.000 heures d'analyse des données qui ont été effectuées pour l'indice.

Les facteurs de réussite

L'équipe IGI a appris que la gestion de la recherche à grande échelle implique la gestion de l'éthique, le respect de la procédure et l'obtention d'un engagement. Elle a donc conçu un protocole de recherche technique de la formation en profondeur et une assistance technique intensive pour les chercheurs locaux.

Preuve de succès

En tant que partisan de la transparence et de responsabilité au sein des gouvernements locaux de l'Indonésie, l'IGI a été gratifié d'un énorme soutien et d'une appréciation positive de divers représentants du gouvernement, des fonctionnaires, des organisations de la société civile, des médias, des universités, des experts de la gouvernance et de la société économique du niveau national au niveau local. Il a été montré comment les politiques bien fondées donnent des changements positifs et productifs dans la budgétisation, les paradigmes, les normes de l'impact de la gouvernance et de l'interaction entre les acteurs de la gouvernance.

Réplication

Le Centre de Gouvernance du PNUD à Oslo (OGC) a utilisé l'IGI comme exemple, dans leur portail de la gouvernance en ligne. L'OGC a également invité l'un des principaux chercheurs de l'IGI pour présenter des exposés sur plusieurs pays africains au sujet de l'établissement de l'IGI, sa stratégie et les leçons tirées de la collecte des données dans des conférences au Caire, en Égypte et au Sénégal. En outre, ce modèle de réussite a influencé plusieurs des gouvernements locaux de l'Indonésie pour évaluer la gestion efficace de la recherche et de la planification stratégique à l'aide de leur propre budget.

Relever les défis

Pour pallier à la difficulté d'accès et à l'indisponibilité des données, la période de collecte des données a été prolongée de trois mois à six mois. L'IGI utilise également ses relations avec les médias comme moyen d'assurer le succès de la diffusion des données et l'utilisation des médias sociaux comme une plate-forme de partage.

Développement durable

L'IGI a augmenté le nombre d'universités et d'instituts aux niveaux national et local qui mènent des recherches en profondeur. Bien que l'IGI soit préconisé par le ministère indonésien des Affaires Intérieures, il est dans le processus de recherche de financement supplémentaire parce qu'il ne peut pas accepter un financement direct du gouvernement.

Références

Indice Gouvernement Indonésie (IGI), nd: www.kemitraan.or.id/igi

Indice gouvernement Indonésie (IGI), sd: «Foire aux questions» http://www.kemitraan.or.id/igi/index.php/faq

"Analytical Hierarchy Process," 2013: http://www.igi-global.com/article/analytic-hierarchy-process-evaluation-government/76927

Le grade IDLP	47
Population	6 318 000
Le grade IDH	100/187
Le score IDH	0,700

La Jordanie a tenté l'expérience des réformes politiques pour encourager la participation et les pratiques démocratiques dans la perspective que le gouvernement délègue ses pouvoirs en vertu des mesures adéquates.

Aperçu bref sur la gouvernance locale

- La Jordanie se constitue de 12 gouvernorats, 93 municipalités et la Municipalité du Grand Amman (EuropeAid, 2011).
- Les gouvernorats sont dirigés gouverneur nommé par le Roi. Les municipalités sont régies par un maire élu et un conseil (EuropeAid, 2011).
- Les municipalités, supervisées par le ministère des Affaires municipales, ne font pas partie du gouvernement central et « ne sont pas considérées comme des entités publiques locales investies de responsabilités locales plus larges» (EuropeAid, 2011).
- 25% des sièges des conseils municipaux sont réservés aux femmes (OpenDemocracy, 2013).

Acteurs de la société civile

- Partenaires-Jordanie œuvre pour faire avancer la société civile et le développement social et politique de la Jordanie par la promotion de la médiation et de la gestion des conflits ; promeut aussi la participation des citoyens dans la vie sociale et politique (Partners-Jordan, 2014).
- Le travail du Centre Al-Hayat pour le développement de la société civile s'étend à la surveillance des élections et la performance des conseils élus, ainsi que la promotion de ladécentralisation, la gouvernance locale, l'éducation civique et la réhabilitation des femmes (Al-Hayat Center, 2013).

Institutions de renforcement des capacités

- L'Institut Jordanien de l'Administration Publique (JIPA) offre une formation technique pour renforcer les capacités institutionnelles nationales et régionales dans le secteur public via des consultations administratives et financières (JIPA, 2010).
- Le Centre Visions d'Etudes Stratégiques et de Développement consulte les municipalités locales sur "la restructuration institutionnelle, les approches de gestion des finances publiques, les questions de développement local et les plans directeurs» (Visions Center, 2014).

Le contrôle fiscal

- Les municipalités disposent de nombreuses sources de revenus: le gouvernement central, l'investissement dans la propriété foncière municipale, les revenus provenant des terres et des zones municipales, les recettes provenant des entreprises, les contributions des institutions nationales et internationales, ainsi que les prêts des banques de développement. Toutefois, le droit de collecter ces taxes est limité (EuropeAid, 2011; UCLG, 2007).

Les principales initiatives en matière de gouvernance locale participative

- En 1994, la Jordanie revoit la loi sur les élections municipales de 1955 afin de permettre aux maires d'être élus directement dans toutes les municipalités, excepté à Amman, la capitale. Les Élections municipales au niveau nationale ont eu lieu en 1995 (NDI, 1995).
- En 2007, une nouvelle loi municipale a été promulguée. Celle-ci qui a renversé la loi municipale de 2001 et à autoriser à nouveau l'élection des membres du conseil et les maires (à l'exception de Amman). Elle prévoit également un quota à respecter pour les femmes dans les sièges des conseils municipaux. (Carnegie, 2007).
- Actuellement, une loi sur une gouvernance locale et une nouvelle loi municipale ont été rédigées pour « améliorer la représentation et l'autorité des conseils municipaux et locaux» et pour « renforcer la participation des citoyens à la prise de décision » (The Jordan Times, 2014; Albawaba, 2014).

Défis pour la gouvernance locale participative

- Nombre de municipalités souffre de la dette et du manque de ressources, d'expertise technique et de la transparence (UCLG, 2007).
- Bien que les municipalités aient repris à mener des élections, le gouvernement central conserve un contrôle important au niveau de l'intervention dans les affaires relevant du niveau local (UCLG, 2007).
- Les élections municipales de 2013 ont été boycottées par les partis politiques, elles ont connu un très faible taux de participation. Elles ont été entachées, aussi, par l'achat de voix et la violence (Al-Monitor, 2013).
- Le rôle joué par les municipalités demeure mineur ; les "Juridictions municipales semblent ne couvrir que 3,6% de l'ensemble du territoire (...), il ya donc des territoires importants qui restent sous le contrôle direct de l'État» (EuropeAid, 2011).

Liste des sources:

Albawaba, 2014: "A two way street? Jordanian government seeks public's feedback on 'reform drive'."

Al-Hayat Center for Civil Society Development, 2013: http://www.hayatcenter.org/index.php/en/.

Al-Monitor, 2013, Al-Samadi, T.: "Jordan's Local Elections See Low Turnout."

Carnegie Endowment for International Peace, 2007: "Arab Political Systems: Baseline Information and Reforms – Jordan."

EuropeAid, 2011: "The Quest for Decentralizing Government in the Hashemite Kingdom of Jordan: Some Preliminary Findings of a Situation Analysis."

Jordan Institute of Public Administration (JIPA), 2010: http://jipa.gov.jo/ar/index_en.shtml.

National Democratic Institute (NDI), 1995: "Democracy and Local Government in Jordan: 1995 Municipal Elections."

openDemocracy, 2013, Pietrobelli, M.: "The politics of women's rights promotion in Jordan."

Partners Jordan, 2014: http://www.partners-jordan.org/about.php.

The Jordan Times, 2014, Al Emam, D.: "New municipalities law aimed at entrenching decentralisation."

United Cities and Local Governments (UCLG), 2007: "UCLG Country Profiles: The Hashemite Kingdom of Jordan."

Visions Center for Strategic Development and Studies (Visions Center), 2014: http://jordanvisions.org/.

Décentralisation en Jordanie: Surmonter le Défi "Moyen-Orient"

Ayoub Namour, Centre Al-Hayat pour le Développement de la Société Civile

Introduction

Malgré les circonstances géopolitiques extrêmes, la Jordanie maintient un environnement interne sécurisé favorable au pluralisme politique qui est un modèle rare à la transition démocratique pacifique au Moyen-Orient.

En 2011, des amendements constitutionnels ont créé deux nouveaux organes qui sont : la Cour constitutionnelle et la Commission électorale indépendante (CEI). Cela a été largement perçu comme le reflet véritable d'un engagement sur la voie de la démocratisation du pays.

Cependant, la démocratie au Moyen-Orient n'est pas évidente. La Jordanie en particulier fait face à de nouveaux défis, dont l'afflux énorme d'un million de réfugiés syriens qui s'ajoute aux 6,5 millions d'habitants que compte le pays.

La décentralisation a été introduite par le roi Abdallah II dans le sens de cristalliser une approche participative qui comble systématiquement l'écart entre le gouvernement central et les électeurs locaux. Un débat national animé sur la future structure de gouvernance locale a donné lieu à deux projets de loi encadrant la démocratie locale: la loi des municipalités (qui a été modifiée à plusieurs reprises pour répondre aux besoins de développement), et celle des conseils de gouvernorats nouvellement introduits.

Le gouvernement jordanien a soumis les projets de loi au Bureau d'Opinion et de Législation (LOB), pour qu'ils puissent être légalement modifiés et renvoyés au parlement pour y être discutés, approuvés et soumis à l'approbation du Roi avant de prendre effet. Le processus devrait durer jusqu'à fin 2014 - début 2015. En l'attente de la fin de ce processus, les consultations publiques continuent avec la société civile, les organisations communautaires, les dirigeants municipaux et d'autres intervenants.

Le Centre perd une partie de son pouvoir

Le gouvernement central détient la part du lion de l'autorité locale, dont la budgétisation, la planification stratégique, l'éducation, la santé, la sécurité, et l'autorité la plus destructrice qui consiste à pouvoir dissoudre tout conseil élu à tout moment.

L'impact d'une telle domination est maximisé par le fait que le gouvernement est nommé par le Roi. Il n'est ni élu ni formé par le parlement. Il en résulte des politiques et des aspirations locales en déphasage avec les besoins de développement local.Le gouvernement est maintenant prêt à déconcentrer ses pouvoirs par une délégation centrale des autorités supervisée. Les nouveaux projets introduisent deux conseils pour chacun des 12 gouvernorats de la Jordanie: le Conseil exécutif, un organisme désigné par le gouvernement central et le Conseil du gouvernorat, un organe élu par les électeurs locaux.

Responsabilité sociale

La structure existante jouit du potentiel nécessaire qui aiderait la Jordanie à maintenir un taux progressif de développement démocratique, tout en atténuant les problèmes de sécurité, et, finalement, atteindre un modèle démocratique moderne au Moyen-Orient d'ici la fin de la prochaine décennie. La gouvernance locale doit être proche des gens, et la qualité du service devrait mieux répondre aux attentes des citoyens, mais cela est conditionnée par la volonté de l'exécutif à rendre des comptes en répondant aux critères de la transparence.

En Jordanie, il est un besoin vital pour systématiser la responsabilité sociale dans les voies légales qui mettent l'accent sur l'approche participative de la gouvernance locale. Plusieurs Organisations de la société civile (SCO) ont soumis des recommandations qui pourraient combler cette lacune, dont la budgétisation participative, les portails de transparence, le suivi en temps réel de la performance des gouvernements locaux et le droit de pouvoir voter des responsables locaux en dehors des cercles connus.

Bien que la Jordanie ait été le premier pays arabe à introduire la RTI, la loi actuelle ne facilite pas suffisamment la responsabilité sociale au niveau local, et aurait donc probablement besoin d'être modifiée.

Approfondir la démocratie

Une distorsion majeure de la démocratie en Jordanie consiste en la perception publique des députés. Ils sont perçus en tant que fournisseurs de services et non des législateurs. Ceci est fortement attribuable à l'absence de gouvernance locale, qui devrait idéalement être en charge de la fourniture de services locaux. Ainsi, la structure nouvellement introduite est attendue pour réformer la sensibilisation du public sur le rôle des parlementaires, et, finalement, améliorer la performance parlementaire de la législation et de la surveillance.

Et, quoi, maintenant?

La Jordanie est potentiellement le seul pays arabe à considérer la démocratie locale dans un environnement de sécurité stable. Mais, est-ce qu'elle dispose de la capacité financière et technique nécessaire pour avancer dans l'élaboration du statut participatif? La dette publique est d'environ 75% du PIB et le pays compte très peu d'experts locaux qualifiés.

Ainsi, un stand international est nécessaire pour répondre aux exigences techniques et financières de la décentralisation: non seulement pour la législation et la mise en œuvre des stratégies, mais aussi pour les OSC afin de sensibiliser le public et promouvoir l'autonomisation des femmes-leaders pour créer un environnement sensible à l'égalité des sexes et la participation des femmes à la construction de la société.

Le grade IDLP	28
Population	5 607 200
Le grade IDH	125/187
Le score IDH	0,622

Les gouvernements locaux du Kirghizistan sont devenus plus indépendantes depuis les élections de 2012, mais peinent toujours face à des problèmes d'inefficacité et de manque de professionnalisme (Freedom House, 2014).

Aperçu bref sur la gouvernance locale

- Le Kirghizistan est composé de sept provinces (oblasts), deux villes d'Och et Bishkek (villes de «l'importance nationale»), 40 districts (rayons), 23 villes (de l'oblast et de l'importance des rayons) et 459 communautés locales (Ayil Okhmotus) (INTRAC , 2011).
- Les niveaux d'oblast et rayons font partie de l'administration locale de l'Etat et sont dirigés par un gouverneur, et « reçoivent les instructions exécutives du niveau national (INTRAC, 2011)
- Le Kirghizistan n'a pas de quota genre législatif au niveau sub-national (Quota Project, 2014).

Acteurs de la société civile

- La Coalition pour la démocratie et la société civile, ou «La Coalition», «promeut la démocratie, la transparence et la responsabilisation des organismes gouvernementaux» et débat «d'autres questions sociales à travers l'éducation civique, réunions et vidéoconférences » (the Coalition, 2014).
- La Taza Shailoo Association travaille pour garantir des élections et des référendums libres transparents et équitables dans le pays (Taza Shailoo, sd).

Institutions de renforcement des capacités

- L'Association des municipalités de la République kirghize (AMKP) a été créée en 2006 pour promouvoir la coopération entre les municipalités et renforcer les gouvernements locaux (AMKP 2012).
- L'Université de l'Asie centrale (UCA) œuvre pour donner la capacité d'agir fonctionnaires afin d'améliorer l'autogouvernement local, ou LSG (UCA, 2014).

Le contrôle fiscal

- Les autorités locales ont le pouvoir de collecter les impôts locaux. Toutefois, les gouvernements régionaux au Kirghizistan ont eu peu de liberté dans la négociation des taux d'imposition partagés avec le gouvernement central (Moldogaziev, 2012).
- Les recettes spécifiques des localités sont retournées dans leur région d'origine et des fonds nationaux supplémentaires sont transférés aux niveaux inférieurs du gouvernement par une formule transparente (Moldogaziev, 2012).

Les principales initiatives en matière de gouvernance locale participative

- En 1991, plusieurs localités ont imposé leurs propres impôts et taxes et ont revendiqué d'avoir leur propre tutelle sur leurs budgets sans en rendre compte au gouvernement national (Moldogaziev, 2012).
- À la fin des années 1990, il y a eu un événement majeur dans le programme de décentralisation. On a procédé au transfert en douceur des actifs de l'État aux municipalités rurales (Freedom House, 2012).
- En 2001, la loi sur «l'autogouvernement et les administrations locales de État» a été adoptée. Elle est survenue pour réglementer les activités des organes du pouvoir d'Etat local et l'autogouvernement local. En 2011, cette loi a été rédigée pour «apporter des améliorations à la question de la délimitation des fonctions et des responsabilités" (INTRAC, 2011, UCLG, 2008).
- Une loi de 2008 sur la gouvernance locale a été promulguée pour assurer que les autorités locales disposent des ressources financières et le pouvoir politique pour répondre aux besoins de la population (Freedom House, 2012).

Défis pour la gouvernance locale participative

- Le Kirghizistan a officiellement atteint ses objectifs en matière de décentralisation certes, mais la plupart des fonctionnaires des administrations locales manquent de professionnalisme et d'expérience de gouverner selon la nouvelle législation, et sont donc critiqués pour leur inefficacité (Freedom House, 2014).
- Les représentants des partis politiques locaux manquent d'expérience dans le service public et face à la bureaucratie et les gouvernements locaux ne disposent que de peu de moyens financiers pour mettre en œuvre la politique décidée ou de répondre aux préoccupations des électeurs (Freedom House, 2014).
- Le «manque de délimitation claire des fonctions et des pouvoirs entre les organes de l'Etat et les organes de LSG » affecte négativement la prestation de services pour la population locale (INTRAC, 2011).

Liste des sources:

Association of Municipalities (AMKP), 2012: http://www.citykr.kg/en/celi_i_zadachi.php.

Association "Taza Shailoo," n.d.: http://www.tazashailoo.kg/en/home.

Coalition for Democracy and Civil Society (the Coalition), 2014: www.linkedin.com/company/coalition-for-democracy-and-civil-society?trk=top_nav_home.

Freedom House, 2012: "Kyrgyzstan."

Freedom House, 2014: "Kyrgyzstan."

International NGO Training and Research Centre (INTRAC), 2011: "Decentralisation in Kyrgyzstan."

Moldogaziev, T., 2012, Eurasian Journal of Business and Economics: "Fiscal Decentralization and Revenue Stability in the Kyrgyz Republic, 1993-2010."

Quota Project, 2014: "Kyrgyzstan."

United Cities and Local Governments (UCLG), 2008: "UCLG Country Profiles: Central Asia."

University of Central Asia (UCA), 2014: http://www.ucentralasia.org/news.asp?Nid=659.

Le grade IDLP	45
Population	4 424 888
Le grade IDH	72/187
Le score IDH	0,745

L'idée de la décentralisation a été introduite dans l'Accord de Taif 1989, mais elle est restée non concrète jusqu'en 2014 quand le projet de loi de décentralisation a été rédigé.

Aperçu bref sur la gouvernance locale

- Le Liban se compose de six gouvernorats qui sont subdivisées en districts, villes et villages. Les municipalités, les unités administratives en dessous du niveau du district, sont la seule forme de décentralisation administrative dans le pays (UCLG, 2009).
- Les conseils municipaux, élus par la municipalité, élisent leur maire. Les villages et les villes qui ne sont pas une municipalité élisent un mukhtar (chef) et le conseil des anciens (UCLG 2009; Encyclopedia Britannica, 2014)
- Le ministère de l'Intérieur et des Municipalités est responsable des les municipalités et les villages qui ne font pas partie d'aucune municipalité (UCLG, 2009).
- Il n'y a pas de quota législatif pour les femmes au niveau sub-national au Liban (Quota Project, 2009).

Acteurs de la société civile

- Le Centre Libanais des Etudes Politiques (LCPS) promeut la transparence et une gouvernance responsable à travers le plaidoyer, la recherche et des formations adéquates. Il se focalise plus particulièrement sur les réformes judiciaires, les procédures budgétaires transparentes et la décentralisation et la gouvernance locale (LCPS, 2014).
- La Fondation Libanaise pour la Paix Civile Permanente (LFCPC) promeut la participation civique et le gouvernement local fort en travaillant sur le développement de la capacité des municipalités au Liban (LFCPC, 2005).

Institutions de renforcement des capacités

- Construire l'Alliance pour la promotion des Collectivités Locales, le Développement et l'Investissement (BALADI) est un programme de l'USAID qui encourage «les municipalités (en coopération avec les organisations non gouvernementales locales, les organisations de la société civile et des membres de la communauté) à présenter, chaque année, des projets communautaires bien préparés susceptibles d'être financés » (USAID, 2014).

Le contrôle fiscal

- Les municipalités ne peuvent collecter des impôts que sur "les taux de location, les permis de construire, l'entretien des canalisations, l'utilisation des terres publiques des municipalités, des annonces dans les cinémas, les bovins d'abattage, les salles de réunion et de certains types d'activités commerciales ». Ces impôts directement collectées représentent 30% du budget municipal (UCLG, 2009).

- Selon la loi de 1979 sur les municipalités, le gouvernement central doit collecter certains impôts en partage avec des municipalités et leur transférer une partie directement et au Fonds municipal indépendant (FMI). Le gouvernement central a n'a commencé à effectuer ces transferts vers le FMI qu'après 1997 (UCLG, 2009).

Les principales initiatives en matière de gouvernance locale participative

- En 1998, les élections municipales ont été rétablies favorisant une nouvelle impulsion à la décentralisation (LCPS, 2012).
- La formation des unions municipales à travers le pays a donné lieu à l'émergence d'acteurs importants appuyant le processus de décentralisation (LCPS, 2012).
- En Avril 2014, le premier projet de loi pour accroître la décentralisation administrative a été dévoilé. Il vise à déléguer plus de pouvoir et de droits, y compris une plus grande autonomie financière et plus de responsabilité municipales. Tout ce qui concerne l'infrastructure, la santé et le transport restent sous le contrôle du gouvernement central (Zawya, 2014).

Défis pour la gouvernance locale participative

- « Dans une société comme le Liban avec les traditions de patronage ancrés, le danger est que la décentralisation ne fait que déplacer plutôt qu'éradique le lieu de la corruption » (O'Sullivan, 2014).
- Une capacité administrative suffisante pour les municipalités doit être accordée afin de leur permettre de faire face aux nouvelles tâches et responsabilités pour une plus grande décentralisation (O'Sullivan, 2014).
- En raison d'un déficit de mise en œuvre, le «système du FMI manque de transparence, cela engendre la reproduction de la corruption et la distribution inéquitable des ressources. En conséquence, les municipalités locales ne reçoivent pas la totalité des montants qui leur sont alloués dans le budget » (CIPE, 2014).

Liste des sources:

Center for International Private Enterprise (CIPE), 2014, Nakagaki, M.: "Can Decentralization Solve Political Gridlock in Lebanon?"

Encyclopedia Britannica, 2014: "Lebanon. Local Government."

Lebanese Center for Policy Studies (LCPS), 2012, Atallah, S., 2012: "Decentralization in Lebanon."

Lebanese Center for Policy Studies (LCPS), 2014: http://www.lcps-lebanon.org/about.php.

Lebanese Foundation for Permanent Civil Peace (LFCPC), 2005: http://www.kleudge.com/flpcp/projets_en.asp.

O'Sullivan, D., 2014, Executive Magazine: "Decentralization – the best way to tackle corruption?"

Quota Project, 2009: "Lebanon."

United Cities and Local Governments (UCLG), 2009: "UCLG Country Profiles: Lebanese Republic."

USAID, 2014: http://baladi-lebanon.org/.

Zawya, 2014: "Sleiman launches long-awaited bill to decentralize government."

Le Projet de Loi sur la Décentralisation au Liban Vise à Servir le Développement

Sami Atallah, Centre Libanais d'Etudes Politiques

Bien que le système politique du Liban ait réussi à rester intacte dans un climat régional désastreux - Gaza est détruit, la Syrie est brisée et l'Irak est au bord de l'effondrement - , le pays se trouve face à au moins deux types de difficultés. Le premier est socio-économique, qui comprend le chômage élevé au sein des jeunes, l'insuffisance des infrastructures et des services publics déficients, qui sont exacerbés par plus d'un million de réfugiés syriens actuellement au Liban. Le second est l'absence d'un gouvernement central efficace pour relever ces défis. Avec le blocage fréquent à former un gouvernement, la difficulté d'élire un président et un Parlement, il y a besoin de décentraliser les services publics à des niveaux inférieurs de gouvernement afin que les citoyens ne restent pas otage à des impasses politiques.

C'est dans ce contexte que l'ancien président Michel Sleiman a lancé une nouvelle loi sur la décentralisation quelques semaines avant la fin de son mandat. Le projet de loi, à laquelle j'ai contribué, était l'œuvre d'un comité nommé par le gouvernement dirigé par M. Ziyad Baroud, un éminent avocat, militant des Organisations de la Société Civile, et un fervent défenseur de la décentralisation. Il a également servi en tant qu'ancien ministre de l'Intérieur et des Municipalités. Les membres du comité comptaient aussi d'anciens fonctionnaires et d'autres qui sont toujours en exercice et des conseillers, ainsi que des experts indépendants.

En bref, le projet de loi transforme la direction des districts, connus sous le nom de "Qadas" d'un statut de nommé à un statut d'organes élus. C'est une tâche monumentale du fait que les Qadas font partie intégrante du cadre administratif du Liban et ont une longue histoire en matière de représentation de l'autorité du gouvernement central. La loi confère à ces organismes des responsabilités larges pour remplir des fonctions de développement et leur affecte des ressources financières par le biais de leur propre collecte d'impôts, ainsi que des systèmes de transfert appropriés.

Bien que cela fasse partie du programme du président lors de son élection en mai 2008, la décentralisation a été mise sur la place publique par les organisations de la société civile dès 1993. Face à l'incapacité du gouvernement national du Liban à tenir des élections municipales, les organisations de la société civile ont pris la relève pour plaider cette cause. Mon organisation, le Centre Libanais d'Etudes Politiques (LCPS), a été la première à s'occuper de cette question de la décentralisation en organisant une série d'ateliers qui ont réuni des universitaires, des intellectuels, des journalistes et des militants de la société civile.

En 1997, le Parlement a approuvé le projet de loi du premier ministre consistant à proroger le mandat des conseils municipaux du pays dont la dernière élection remonte à l'année 1963. L'Association Libanaise pour des Elections Démocratiques (LADE), établie en grande partie par le LCPS, a été la première à appuyez le gouvernement dans la démarche d'organiser des élections municipales en dressant un mouvement national pour les élections locales, sous le slogan: «mon pays, ma ville, ma municipalité».

Après 13 mois de travail, elle a réussi à mobiliser plus de 100 associations ainsi que des représentants des partis politiques, des militants et des bénévoles afin de recueillir plus de 60.000 signatures. La campagne a également mobilisé les médias du Liban et de nombreux membres du parlement. Ainsi, le 14 Juin 1998, le gouvernement a pu organiser des élections municipales dans 600 sur 708 communes (les autres municipalités étaient sous occupation israélienne). Plus de 1,2 millions d'électeurs libanais ont dû chercher leurs cartes électorales pour aller exercer leur droit constitutionnel de suffrage, avec 10.000 membres de conseil municipal se joignant à la classe politique. Après le succès de cette initiative, les élections municipales se tiennent désormais régulièrement tous les six ans.

Le travail du LCPS ne s'est pas arrêté avec l'arrêt de la campagne pour les élections municipales, celui des organisations de la société civile, non plus. En fait, le LCPS a poursuivi son travail sur la voie d'évaluation de la performance municipale, l'identification des goulots d'étranglement et des problèmes dans les transferts municipaux. Ses études ont montré l'importance de la responsabilité sociale dans la prestation de services et la nécessité de concevoir des critères transparents et équitables comme il est prévu dans le projet de loi.

En outre, ce dernier prévoit des systèmes de quotas pour les femmes à la fois dans le conseil de Qada et le pouvoir exécutif, ainsi que la participation des jeunes dans les administrations régionales, et la transparence; la Qada doit périodiquement collecter, analyser et publier les données qui se rapportent à ses performances, son rapport d'audit, et les décisions qui sont de nature publique. Le projet de loi octroie aussi aux citoyens le droit d'accéder à la décision du pouvoir exécutif afin qu'ils puissent contrôler efficacement le travail de la Qada lui-même.

Le grade IDLP	5
Population	4 190 435
Le grade IDH	174/187
Le score IDH	0,388

En 2010, le Libéria a approuvé une politique nationale sur la décentralisation et la gouvernance locale (NPDLG). Elle est la première politique de décentralisation qualifiée de significative après de nombreuses tentatives infructueuses dans le (IREX, 2014) passé.

Aperçu bref sur la gouvernance locale

- Le Libéria est un État unitaire divisé en 15 comtés. Les comtés, eux-mêmes, sont divisés en 68 districts, districts en chefferies, chefferies en clans, et les clans dans des villes ou des villages (VOLT 2013).
- Les autorités du comté, les maires de la ville, et les commissaires du canton sont nommés par le Président (VOLT 2013).
- Le Ministère Libérien des Affaires Intérieures (MIA) est chargé de superviser l'administration locale (MIA, 2014).
- Le Libéria ne dispose pas de quotas genre, ni de quotas au niveau local (Quota Project, 2013).

Acteurs de la société civile

- Partenariat la Jeunesse pour la Paix et le Développement (YPPD) travaille pour accroître la participation des jeunes dans le développement et la démocratie au Libéria (YPPD, 2012).
- NAYMOTE mobilise la communauté du Libéria, en particulier les leaders de la jeunesse, pour plaider pour des changements positifs au niveau local (NAYMOTE, sd).

Institutions de renforcement des capacités

- La Commission de la Gouvernance (GC) mène la politique de décentralisation et de gouvernance locale au Libéria. Son travail consiste, également, à mener des recherches, consulter les Libériens sur les questions touchant à la gouvernance, et recommande, aussi, des réformes politiques et institutionnelles pour améliorer la prestation du service public à tous les niveaux de gouvernement (GC, sd).
- L'Institut Libérien de l'Administration Publique (LIPA) veille à former les fonctionnaires publics sur la fonction du gouvernement, améliorer la gouvernance démocratique et les capacités de gestion du personnel dans tous les secteurs et niveaux de gouvernement (LIPA, sd).

Le contrôle fiscal

- Le NPDLG "concède le pouvoir financier et le partage largement avec les gouvernements locaux pour leur permettre de contrôler leur propre base et politique fiscales. La législature du pays détermine « la base d'imposition pour chaque comté» et «définit les types de taxes, les taux, frais et amendes » perçus par les collectivités locales (IREX, 2010).
- «L'essentiel [des autorités du comté] des responsabilités

de gestion des dépenses est entrepris dans les agences du gouvernement central, sans autonomie discrétionnaire sur les allocations » (IMF, 2012).

Les principales initiatives en matière de gouvernance locale participative

- L'Initiative de Décentralisation et Développement Local au Libéria a commencé, en 2007, à soutenir le processus de décentralisation et aider les gouvernements locaux à accéder aux fonds de développement local (UNDF, 2013).
- Le NPDLG, approuvé par le gouvernement en 2011, a appelé à la décentralisation et le transfert des pouvoirs politiques, fiscaux et administratifs aux collectivités locales. Ce travail ainsi que les réformes de gouvernance sont en cours de favoriser un gouvernement plus décentralisé (IBIS, 2012).
- En 2014, le Ministère des Finances a préparé un Plan de Décentralisation pour promouvoir la décentralisation fiscale et le renforcement des capacités et aller de l'avant dans ce sens (AllAfrica, 2014).
- L'adoption d'un nouvel amendement constitutionnel en 2015 devrait aboutir à l'adoption d'une loi de gouvernement local. Beaucoup espèrent qu'il favorisera la gouvernance locale décentralisée et participative (DCID, 2014).

Défis pour la gouvernance locale participative

- Le Liberia n'a pas organisé des élections locales depuis la fin de la guerre civile en 2003. Les élections qui ont été prévues pour 2008 ont été annulées, apparemment en raison d'un manque de ressources financières (Freedom House, 2011).
- Les gouvernements locaux souffrent du manque de la capacité institutionnelle requise pour la décentralisation, ainsi que de l'absence d'une administration locale structurée et du personnel qualifié. Ils manquent aussi d'un "système de transferts financiers clairs, prévisibles et transparentes" (UCLG Africa and Cities Alliance, 2013).

Liste des sources:

AllAfrica, 2014: "Liberia: Finance Ministry Drives Fiscal Decentralization Plan."

Duke Center for International Development (DCID), 2014: "Liberian officials trained in fiscal decentralization."

Freedom House, 2011: "Liberia."

Governance Commission (GC), n.d.: www.goodgovernance.org.lr/overview.html.

IBIS, 2012: "Country Strategy for IBIS Liberia 2012 – 2016."

International Monetary Fund (IMF), 2012: "Liberia: Public Expenditure and Financial Accountability (PEFA) Assessment."

International Research & Exchange Board (IREX), 2010: "National Decentralization & Local Governance Policy."

Liberian Institute of Public Administration (LIPA), n.d.: www.lipa.gov.lr/public/.

Liberia Women Media Action Committee (LIWOMAC), 2014: http://www.gnwp.org/members/liwomac.

NAYMOTE, n.d.: www.naymote.com/what-we-do/.

Quota Project, 2013: "Liberia."

Republic of Liberia Ministry of Internal Affairs (MIA), 2014: "Liberia's Decentralization Secretariat Program."

UNCDF, 2013: "Liberia Decentralization and Local Development Programme. Final Report."

United Cities and Local Governments of Africa (UCLG Africa) and Cities Alliance, 2013: "Assessing the Institutional Environment of Local Governments in Africa."

Vision For Liberia Transformation (VOLT), 2013: "Politics."

Youth Partnership For Peace and Development (YPPD), 2012: www.yppdliberia.wordpress.com.

Le grade IDLP	50
Population	29 239 927
Le grade IDH	64/187
Le score IDH	0,769

La Malaisie ne dispose actuellement d'aucun gouvernement local élu. Une approche traditionnelle de haut en bas d'administration locale hypothèque la capacité des gouvernements locaux et crée un écart entre la «demande» et l'«offre» dans sa prestation de services. Toutefois, la sensibilisation croissante de la communauté conteste la pratique de l'administration centralisée (Phang, 2008).

Aperçu bref sur la gouvernance locale

- La Malaisie se compose de13 États (qui sont subdivisés en districts) et trois territoires fédéraux. Les Etats sont gérés par le gouvernement fédéral et celui de l'État, tandis que les territoires fédéraux sont directement administrés par le gouvernement fédéral (MyGovernment, 2014).
- Il existe trois niveaux de gouvernement (fédéral, étatique et local), et trois types d'autorités locales (ville, municipalité et conseils de district) qui sont responsables de la fourniture d'infrastructures de base et les services publics. Les municipalités et les villes sont également responsables de la planification urbaine, la santé publique et la gestion des déchets. Les conseils municipaux s'engagent aussi à la perception des recettes et l'application des lois (CLGF, 2013).
- Le ministère du Logement et du Gouvernement local (MHLG) exécute et contrôle "toutes les lois relatives aux gouvernements locaux". En outre, le ministère de territoires fédéraux et le bien-être urbains supervise les autorités locales dans les territoires fédéraux de Kuala Lumpur, Putrajaya et Labuan (CLGF, 2013).
- Les élections locales dans chaque Etat ont été suspendues indéfiniment depuis 1965 en vertu de l'article 15 de la Local Government Act de 1976. Le gouvernement de l'État nomme les conseillers pour un mandat de 3 ans dans les conseils locaux (CLGF, 2013).
- En Malaisie, il n'y a pas de quota genre législatif au niveau local (Chen, 2010).

Acteurs de la société civile

- Aliran Kesedaran Negara est le plus ancien groupe de défense des droits de l'Homme en Malaisie qui fait avancer la justice sociale, les réformes démocratiques ; la transparence et la responsabilisation dans la gouvernance et la participation citoyenne aussi (Aliran, 2014).
- SUARAM est une organisation de défense des droits humains qui promeut les droits civils et politiques comme la liberté d'expression, de réunion pacifique, la responsabilité politique et le renforcement de la démocratie (SUARAM, 2014).

Institutions de renforcement des capacités

- L'Institut national d'Administration Publique (INTAN) offre une formation aux fonctionnaires sur des sujets divers tels que l'administration locale et financière (INTAN, 2014).

Le contrôle fiscal

- Les recettes des autorités locales proviennent principalement des impôts, les recettes non fiscales et les allocations du gouvernement fédéral ainsi que le gouvernement d'État (UCLG 2006).
- Les recettes « de l'impôt sur le revenu par auto-évaluation» comptent pour 60-70% des recettes des autorités locales (CLGF, 2013).
- Les allocations de subventions fournies par l'Etat aux autorités locales doivent être approuvées par MHLG. Le montant des subventions octroyées à un conseil particulier dépend de plusieurs facteurs tels que la superficie territoriale, la taille de la population et des recettes requises. Les gouvernements d'États jouit d'une «autorité financière directe » sur les gouvernements locaux unis (UCLG, 2006).
- «Le gouvernement local représente 1% du PIB" (Phang, 2008).

Les principales initiatives en matière de gouvernance locale participative

- Le Local Government Act 171 (1976) stipulait la nomination des conseillers du gouvernement local parmi les membres du public. La Loi 172 obligeait le gouvernement local à prendre en compte les représentations et les objections émises par le public (UCLG, 2006).
- En 1998, MHLG soutenait un programme national visant à mettre en œuvre l'Agenda 21 local, un programme de partenariat pour élargir la participation de la communauté dans le travail du gouvernement local (Phang, 2008).
- En 2007, le gouvernement central a lancé un système électronique, appelé e-PBT, pour rendre le gouvernement local plus proche des citoyens. Les quatre éléments du système sont : les comptes, la fiscalité, la soumission électronique, et les plaintes (CLGF, 2013).

Défis pour la gouvernance locale participative

- L'autonomie et la capacité du gouvernement local sont limités par la délégation de services onéreux supplémentaires du gouvernement central, comme le fait de lui demander de limiter le taux de la criminalité urbaine et taxer fortement les ressources financières et humaines du gouvernement local (Phang, 2008).
- Le gouvernement central contrôle étroitement encore les gouvernements locaux qui ont des revenus limités et un rôle mineur. Le manque de décentralisation entrave l'autonomie et la participation du public au niveau local (Phang, 2008).

Liste des sources:

Commonwealth Local Government Forum (CLGF), 2013: "Country profile: Malaysia."

Chen, L., 2010, European Journal of Comparative Economic Studies: "Do Gender Quotas Influence Women's Representation and Policies?"

MyGovernment: The Government of Malaysia's Official Portal, 2014: "Subdivisions." National Institute of Public Administration, 2014: http://www.intanbk.intan.my/i-portal/.

Persatuan Aliran Kesedaran Negara, 2014: http://aliran.com/.

Phang, S., 2008, Commonwealth Journal of Local Government: "Decentralization or Recentralization? Trends in local government in Malaysia."

Suara Rakyat Malaysia (SUARAM), 2014: http://www.suaram.net/.

United Cities and Local Governments (UCLG), 2006: "Malaysia."

Le grade IDLP:	9
Population	16 362 567
Le grade IDH	170/187
Le score IDH	0,418

Au Malawi, les premières élections locales et multipartites ont eu lieu en 2000. Toutefois, les élections locales suivantes ont été retardées jusqu'en mai 2014 (CLGF, 2013; Freedom House, 2014).

Aperçu bref sur la gouvernance locale

- Le gouvernement local concerne 4 villes, 28 conseils de district, 2 conseils municipaux et un conseil de ville. Les 35 autorités locales sont à palier unique (CLGF, 2013).
- Les conseillers représentent, chacun, un quartier. Et ils sont élus pour un mandat de cinq ans (CLGF, 2013).
- Le ministère des Gouvernements locaux et du Développement Communautaire supervise l'administration des collectivités locales (CLGF, 2013).
- Le pays ne dispose pas de quotas genre pour les femmes au niveau sub-national (Quota Project, 2013).

Acteurs de la société civile

- Jeunesse Net et le Conseil (YONECO) promeut l'autonomisation des jeunes, des femmes et des enfants en vue de renforcer la promotion des droits de l'Home et de la démocratie au pays. Les réalisations constatées dans ce sens comprennent les secteurs du conseil, l'éducation civique et les services réseau.
- SOS Démocratie œuvre pour le renforcement de la démocratie en éduquant les gens sur les principes démocratiques, l'amélioration de la participation des électeurs dans la vie politique et garantir la transparence et la liberté de choix de l'électeur (SOS Démocratie, sd).

Institutions de renforcement des capacités

- Le Comité National de l'Administration Locale des Finances (NLGFC) travaille pour la décentralisation fiscale en assurant que les autorités locales disposent de fonds importants nécessaires à la réalisation de projets vitaux (Chiweza, 2010).
- L'Association du Gouvernement Local au Malawi (MALGA) défend les intérêts des gouvernements locaux pour la promotion des intérêts du peuple (MALGA, sd).

Le contrôle fiscal

- Les conseils s'occupent de collecter les impôts locaux, mais la plupart de leurs revenus proviennent du gouvernement central (CLGF, 2013).
- La Constitution prévoit le transfert de 5% nets des revenus du gouvernement aux gouvernements locaux (CLGF, 2013).
- Le Comité National des Finances du Gouvernement Local a été créé en 2001. Il veille à la bonne relation financière entre le gouvernement central et les locaux (Chiweza, 2010).

Les principales initiatives en matière de gouvernance locale participative

- En 1996, le Fonds d'Action Sociale du Malawi (MASAF) a été créé pour promouvoir une gouvernance honnête et efficace et restructurer la responsabilité financière et d'occuper davantage des gouvernements locaux (World Bank, 2010).
- Le Local Government Act de 1998 a doté la décentralisation d'un cadre spécifique et a créé des conseils locaux (CLGF, 2013).
- En 1998, une nouvelle Politique Nationale de Décentralisation (NPD) a été approuvée. Elle consiste à "transférer les pouvoirs et les fonctions de gouvernance et de développement aux unités élues de gouvernement local tel qu'il est stipulé dans la Constitution" (UNPAN, sd).
- En 2008, la deuxième NPD (Nouvelle Politique de Développement) a été créé. Cette NPD "a pour but de fournir un cadre cohérent pour la mise en œuvre de la décentralisation et sert aussi d'outil pour coordonner l'appui des donateurs en faveur du processus de décentralisation " (Chiweza, 2010).

Défis pour la gouvernance locale participative

- Les élections locales ont été retardées jusqu'en 2014. Cette suspension de la formation des conseils locaux a conduit à une «recentralisation du pouvoir politique» (O'Neil et Cammack et al., 2014).
- L'on remarque qu'il y a un manque de responsabilité: les autorités locales ne sont pas opérationnelles, la prestation des services est un échec, et l'élite politique permet la corruption (O'Neil et Cammack et al, 2014; O'Neil, 2014.).
- Le personnel au niveau local est nommé par les ministères et est, alors, responsable devant le gouvernement central (O'Neil et Cammack et al., 2014).
- Il y a des délais de retard dans les fonds de développement local et une faible capacité de manœuvre ne permettant pas aux conseils de promouvoir la participation et le développement. S'ajoute à cela, le manque de suivi des projets (World Bank, 2010).

Liste des sources:

Chiweza, A., 2010: "A Review of the Malawi Decentralization Process: Lessons from Selected Districts."

Commonwealth Local Government Forum (CLGF), 2013: "Malawi."

Freedom House, 2014: "Malawi."

Malawi Local Government Association (MALGA), n.d.: http://www.malgamw.org/.

O'Neil, T., D. Cammack et al., 2014, ODI: "Fragmented governance and local service delivery in Malawi."

O'Neil, T., 2014, Open Democracy: "Will the new government and local councils improve delivery in Malawi?"

Quota Project, 2014: "Malawi."

United Nations Public Administration Network (UNPAN), n.d.: "Decentralisation Process in Malawi."

World Bank, 2010: "Social Development Notes: Demand for Good Governance."

Youth Net and Counselling (YONECO), 2014: http://www.yoneco.org/site/.

Les élections mai 2014 ont été une occasion unique pour le Malawi de réfléchir sur le passé et à bâtir l'avenir de sa démocratie. Les élections ont coïncidé avec les 50 ans de l'indépendance Malawi. Elles ont aussi marqué le retour des conseils de district élus. [Les élections locales auraient dû avoir lieu en 2005, mais elles ont été retardées à plusieurs reprises.]

Le Cadre de la politique de décentralisation au Malawi est pensé pour donner le pouvoir au peuple par ses représentants élus appelés conseillers. L'absence de conseillers dans le système de gouvernement local a conduit les chefs traditionnels, les politiciens et les fonctionnaires à assumer les rôles des autorités locales sans mécanismes susceptibles d'assurer la transparence et la reddition de comptes.

Les gouvernements locaux sont les leviers des initiatives de développement local. Ils facilitent la participation démocratique au niveau local. Les conseillers sont responsables, comme indiqué dans le «Local Government Act de (1998)», de la politique et de la promotion de la démocratie participative locale dans le pays. La réintroduction de conseillers accroit le degré d'optimisme chez les citoyens locaux. Cela leur permet d'exprimer et présenter leurs opinions et leurs idées. Il est également prévu de faire progresser le développement local dans l'Agenda du Malawi. Cependant, un certain nombre de questions doivent être abordées.

1. Sur le plan de Financement: Les autorités locales pourraient réussir si elles disposaient de ressources suffisantes. Actuellement, elles sont financées par une partie des recettes locales, mais surtout par des subventions gouvernementales. Toutefois, le lancement par le gouvernement central des initiatives de développement local en dehors des structures de l'administration locale, sans doute dans le cadre de consacrer l'influence politique et enraciner le patronage, crée une concurrence pour les fonds. D'où, il est impératif d'exercer la transparence dans l'allocation des fonds et l'alignement des initiatives locales avec les autorités gouvernementales locales.

2. Sur le plan de volonté politique: la réussite dans l'établissement d'un gouvernement local fort et cohérent dépend de la volonté politique du gouvernement central. Le fait que le gouvernement local soit une exigence stipulée dans la constitution ne garantit pas que le gouvernement central le réalise réellement sur le terrain.

3. Rôles clairs: Il existe trois zones de conflit dans le pays: Les membres du Parlement (députés), les cadres de district et les chefs traditionnels. La loi modifiant la Loi du gouvernement local (2010) a accordé les pouvoirs de vote aux députés des Conseils de District dans leur région, créant ainsi des relations de pouvoir asymétriques. Les députés considèrent que les conseillers sont des juniors et des concurrents. Les Commissaires de District ou les grands chefs (dans les zones urbaines) sont censés rendre compte au Conseil, or ils sont nommés par le gouvernement central. Et pendant la période où il n'y a pas d'élections locales, les chefs traditionnels jouent un rôle plus important dans la gouvernance, chose qui conduit maintenant à des conflits.

4. Le cadre juridique: certains des amendements juridiques effectués récemment au Malawi sont susceptibles de nuire à l'efficacité des conseillers dans le gouvernement local. Le fait, par exemple, d'exiger seulement deux conseillers par circonscription électorale, alors que beaucoup sont géographiquement et démographiquement larges, réduit la capacité d'approcher le gouvernement des gens.

5. Capacité: Les conseillers deviennent souvent spectateurs plutôt que principaux acteurs. Ils sont appelés à avoir les compétences nécessaires pour s'acquitter de leurs responsabilités. Le développement des capacités est susceptible de réduire la sur-extension de l'administration centrale et de combler les lacunes qui entravent la gouvernance locale efficace.

6. Apathie: Le Malawi n'a pas pu voir d'intérêt dans la participation de ses habitants dans le gouvernement local. Les élections locales de 2000 ont enregistré un taux de participation de seulement 14%. En outre, la participation des femmes aurait pu être plus importante: les femmes ne représentent que 12,2% des conseillers élus et 15,6% des membres élus au Parlement.

Conclusion

L'article 147 de la Constitution stipule que «Les autorités locales sont constituées de fonctionnaires locaux qui seront élus ... et l'élection doit être organisée, réalisée et supervisée par la Commission électorale." Bien que cela soit une réalité pour le Malawi, la mise en place d'une structure de gouvernement local forte et efficace ne sera ni facile ni immédiat.

Références

Chirwa, Wiseman Chijere, 2013, Malawi Democracy and Political Participation. AfriMAP and Open Society Initiative for Southern Africa.

United Nations Development Programme (UNDP), 1995, Report on Decentralisation in Malawi: Local Governance and Development. Lilongwe: GOM/UNDP.

Le grade IDLP	6
Population	14 853 572
Le grade IDH	182/187
Le score IDH	0,344

Le Mali a une longue histoire de progrès vers l'instauration de décentralisation. Toutefois, il est encore un long chemin à parcourir pour surmonter nombre d'obstacles afin de réaliser l'objectif de la consolidation du processus de démocratisation et le développement durable entamé par les acteurs locaux (IMF, 2013).

Aperçu bref sur la gouvernance locale

- Le Mali se décompose en 8 régions et le district de la capitale Bamako. Les régions et district de la capitale sont divisés en 49 cercles (districts), qui sont subdivisés en 703 municipalités (TSEP, 2014).
- Chaque municipalité a des conseils municipaux dont les conseillers sont élus pour un mandat de cinq ans par les citoyens de la municipalité. Les conseillers élisent à leur tour un maire (TSEP, 2014).
- Le Ministère de l'Administration Territoriale, de la Décentralisation et de l'Aménagement du Territoire (MATDAT) supervise les secteurs de la gouvernance locale.
- Mali n'a pas de quota genre décrété par la loi au niveau national ou sub-national (Quota Project, 2014).

Acteurs de la société civile

- SOS Démocratie travaille pour garantir des élections équitables avec l'augmentation de la participation des citoyens (SOS Démocratie, 2013).
- Le Groupe Pivot Droits et Citoyenneté des Femmes au Mali (GP / DCF) oeuvre pour atteindre l'égalité des sexes au sein des familles, mettre fin à la violence contre les femmes, et renforcer la citoyenneté ainsi que la participation des femmes au pouvoir (GP / DCF, sd).
- Le Forum des Organisations de la Société Civile (FOSC) offre un espace de dialogue et de participation citoyenne à renforcer la démocratie et le développement durable (FOSC, 2011).

Institutions de renforcement des capacités

- Le Programme de Soutien pour les Autorités Locales (PACT) travaille sous MATDAT à renforcer la capacité des gouvernements locaux et veiller à ce que les autorités locales soient efficaces dans l'exercice de leurs responsabilités (PACT, 2013).
- L'Association des municipalités du Mali (AMM) englobe toutes les municipalités. Son travail consiste à promouvoir la décentralisation et l'approfondissement de la démocratie locale (AMM, 2014).

Le contrôle fiscal

- Le budget des collectivités locales est composé des «(i) recettes fiscales locales recueillies à l'aide de l'administration fiscale; (ii) les transferts budgétaires de l'État (subventions de solidarité pour compenser les disparités régionales); et (iii) des subventions d'investissement (...) via l'Agence Nationale de l'Investissement des administrations locales »(World Bank, 2010).
- Les transferts du gouvernement central sont fixés sur une base ad hoc (UCLG Africa and Cities Alliance, 2013).

Les principales initiatives en matière de gouvernance locale participative

- Bien que la Constitution de 1992 ait fourni les principes de la décentralisation, la loi de 1993 a fixé le cadre de cette dernière. Il définit les régions, cercles et communes et constitué des conseils élus (WRI et Landesa, 2011).
- La principale loi de décentralisation de 1996 délègue les responsabilités de protéger les ressources naturelles et la gestion des terres au gouvernement local (WRI et Landesa, 2011).
- En 2002, le gouvernement national a signé des décrets de transfert des responsabilités en matière de santé, d'éducation et de l'eau aux collectivités locales (SNV et CEDELO, 2004).
- Le document-cadre national de la politique de décentralisation de 2005 (2005-2014) insiste sur «le renforcement des capacités dans les collectivités territoriales, l'amélioration de la décentralisation, le développement de la citoyenneté et le développement de la prestation du service privé au niveau local» (PD, 2011).

Défis pour la gouvernance locale participative

- Le gouvernement local est appelé à relever plusieurs défis : Le transfert des compétences au niveau local a été accompagné de l'insuffisance des ressources. La faiblesse des ressources de la mobilisation mène à la dépendance aux transferts du gouvernement central. Il affecte aussi la décentralisation budgétaire et la représentation de la société civile qui reste insuffisante (World Bank, 2013).
- Les transferts financiers du gouvernement central sont imprévisibles et conditionnels, entravant ainsi l'autonomie locale (UCLG Africa and Cities Alliance, 2013).

Liste des sources:

Association of Municipalities of Mali (AMM), 2014: http://www.coopdec-mali.org.

Evaluation of the Paris Declaration (PD), 2011: "Country Evaluation Mali. Executive Summary."

Forum of Civil Society Organizations (FOSC), 2011: www.societecivilemali.org.

Groupe Pivot Droits et Citoyenneté des Femmes au Mali (GP/DCF), n.d.: http://www.jeunesse.francophonie.org/annuaire/societe-civile/groupe-pivot-droits-e

International Monetary Fund (IMF), 2013: "Mali: Poverty Reduction Strategy Paper."

Quota Project, 2014: "Mali."

SNV and CEDELO, 2004: "Decentralisation in Mali: Putting Policy into Practice."

SOS Démocratie, 2013: http://sosdemocratiemali.org.

Support Program for Local Authorities (PACT), 2013: http://www.pact-mali.org.

Trans-Saharan Elections Project (TSEP), 2014, University of Florida: "The Electoral System. Mali."

United Cities and Local Governments of Africa (UCLG Africa) and Cities Alliance, 2013: "Assessing the Institutional Environment of Local Governments in Africa."

World Bank, 2010: "Mali Public Expenditure Management and Financial Accountability Review."

World Bank, 2013: "Implementation Status & Results. Mali. ML- Governance and Budget Decentralization Technical Assistance Project (P112821)."

World Resources Institute (WRI) and Landesa, 2011: "The Challenge of Decentralization in Mali."

Le grade IDLP	13
Population	32 521 143
Le grade IDH	130/187
Le score IDH	0,591

En 2011, le Maroc a voté en faveur d'une nouvelle constitution stipulant que "l'organisation territoriale du royaume est décentralisée" et "fondée sur une régionalisation avancée" (IDEA, 2012). Cependant, la question de la décentralisation n'a pas toujours eu beaucoup d'attention, et donc le progrès est encore lent (Ottaway, 2013).

Aperçu bref sur la gouvernance locale

- La structure de gouvernement local est constituée de 16 régions divisées en provinces et préfectures, puis en communes urbaines ou rurales (Rao et Chakraborty, 2006).
- Les régions sont administrées par un wali (préfet), nommé par le roi, et un conseil régional, élu au suffrage universel direct. Les provinces sont régies par les autorités locales, nommées par le roi, et une assemblée, élue par les conseils municipaux. Les Communes ont un maire élu et un conseil municipal (GlobalSecurity, 2011).
- Le Ministère de l'Intérieur et le Ministère des Finances sont responsables de l'administration et de la supervision des gouvernements locaux unis (UCLG, 2008).
- Le Maroc a un quota genre de 12% de femmes aux élections communales. Dans les conseils régionaux, un minimum de ⅓ de sièges sont détenus pour les femmes (Quota Project, 2014).

Acteurs de la société civile

- A travers une approche participative pour le développement, la Fondation du Haut Atlas (HAF) travaille pour le développement des communautés rurales et défavorisées, favorise les partenariats et offre une formation pour soutenir les initiatives locales et promouvoir le développement (HAF, 2014).
- Le Centre d'Etudes et de Recherches Humaines (MADA) s'attache à éduquer les jeunes, à promouvoir les valeurs démocratiques et le dialogue entre les jeunes et le renfort des coopérations entre les institutions locales publiques et privées (MADA, sd).

Institutions de renforcement des capacités

- L'Association nationale des collectivités locales du Maroc (ANCLM) favorise la décentralisation à travers ses plus de 1600 membres, en leur fournissant une assistance sur le plan juridique ainsi que celui de la formation (ANCLM, sd).

Le contrôle fiscal

- Les gouvernements locaux produisent leurs propres recettes, mais reçoivent également des fonds provenant des impôts collectés par le gouvernement central et des ressources extrabudgétaires tels que les prêts (Rao et Chakraborty, 2006).
- Les autorités locales peuvent légalement augmenter les redevances et les taxes, mais n'ont pas le pouvoir de décréter des impôts ni de décider les taux de taxes imposables. Le gouvernement central a la responsabilité de la fiscalité et du budget à tous les niveaux de l'administration (UCLG, 2008; GlobalSecurity, 2011).

Les principales initiatives en matière de gouvernance locale participative

- La première étape vers la décentralisation a eu lieu en 1997, lorsque le pays a été divisé en 16 régions (Ottaway, 2013).
- En 2000, une nouvelle charte municipale a été adoptée. Elle prévoyait la possibilité pour les communes de créer des partenariats avec les ONG et l'extension des responsabilités et des pouvoirs (UCLG, 2008) des conseils municipaux.
- L'Initiative Nationale pour le Développement Humain de 2005 initie de nouveaux mécanismes participatifs de gouvernance locale à l'autonomisation des communautés et améliore la responsabilisation et la transparence dans les processus de prise de décision au niveau local (Bergh, 2010).
- La Constitution de 2011 parle d'une « monarchie constitutionnelle avec une séparation des pouvoirs» et offre des «responsabilités accrues pour les collectivités locales et régionales » (Moroccan American Center, 2011).

Défis pour la gouvernance locale participative

- Les préfectures et les provinces ont un pouvoir limité. Ils n'ont presque aucune autonomie budgétaire, et sont étroitement contrôlées par le gouvernement central. Ainsi, une véritable décentralisation n'est pas encore établie (IDEA, 2012).
- Le gouvernement central est fortement représenté au niveau local comme. Les Walis régionaux sont nommés plutôt qu'élus (IDEA, 2012).
- La régionalisation et la décentralisation, comme indiqué par la nouvelle Constitution, doivent se traduire par plus d'un transfert de responsabilités. Ceci devrait être accompagné par d'importants efforts de renforcement des capacités au niveau local (AbiNader, 2013).

Liste des sources:

AbiNader, J., 2013, IdeaCom: "Morocco's CESE Project: Regionalization empowering local populations."

Bergh, S., 2010, Journal Economic and Social Research: "Assessing Local Governance Innovations in Morocco in Light of the Participatory Budgeting Experience in Brazil."

Center for Humanities Studies and Research (MADA), n.d.: http://centremada.over-blog.com.

GlobalSecurity.org, 2011: "Morocco Government."

High Atlas Foundation, 2014: http://www.highatlasfoundation.org.

International Institute for Democracy and Electoral Assistance (IDEA), 2012, Madani, M., D. Maghraoui and S. Zerhouni: "The 2011 Moroccan Constitution: A Critical Analysis."

Moroccan American Center, 2011: "FAQ: Reforms in Morocco."

National Association of Local Governments of Morocco (ANCLM), n.d.: http://anclm.ma.

Ottaway, M., 2013: "Morocco: 'Advanced Decentralization' Meets the Sahara Autonomy Initiative."

Quota Project, 2014: "Morocco."

Rao, G. and L. Chakraborty, 2006: "Fiscal Decentralization and Local Level Gender Responsive Budgeting in Morocco."

United Cities and Local Governments (UCLG), 2008: "UCLG Country Profiles: Kingdom of Morocco."

Le Processus de Décentralisation au Maroc: Il marche doucement, mais progressivement

Professeur Mokhtar Benabdallaoui, Faculté des Lettres Ben M'Sik, Université Hassan II, Casablanca

Les premières élections locales au Maroc ont été organisées le 29 mai 1960, quelques mois après l'indépendance du pays. C'est un signe fort de l'importance accordée, très tôt, à la question de la décentralisation.

En revanche, cela ne signifie pas que l'Etat s'est engagé définitivement sur la voie de la démocratie. La décentralisation a été en partie destinée à promouvoir les élites locales, celles qui constituent les alliés privilégiés du régime. Elle a également été handicapée par une forte dose de concentration du pouvoir entre les mains du gouvernement central.

Les élections locales et législatives ont été organisées sur une base régulière depuis cette date du 29 mai 1960, mais avec de nombreux vices, tels que la fraude, la corruption et l'ingérence politique.

Par ailleurs, un premier projet sur la régionalisation a été annoncé en 1971. Il s'est fixé des objectifs économiques visant à alléger les disparités régionales. Par contre, la démocratie participative n'était pas à l'ordre du jour.

Dans la constitution de 1996, une étape décisive a été franchie. En effet, l'article 100 stipule, pour la première fois, que les régions sont des zones territoriales officielles. Cette reconnaissance permet aux régions d'acquérir la personnalité juridique et de l'autonomie financière.

La régionalisation au Maroc n'est pas seulement liée à la réforme économique ou administrative; elle est également présentée comme une solution définitive au conflit du Sahara occidental: un compromis entre l'annexion de cette partie territoriale par le Maroc et l'indépendance revendiquée par les séparatistes.

Après la constitution de 1996, une loi sur les régions a été adoptée en 1997. Une nouvelle mission a été attribuée aux régions. En effet, elles deviennent une plate-forme pour un dialogue entre la population et l'administration. Cependant, de nombreuses limites et lacunes persistent. Les représentants ont été élus au suffrage indirect entre les collectivités locales. Il n'y avait pas une véritable représentation de la population. Et les termes de référence sur la gestion étaient très généraux. La précision principale était les prérogatives du gouverneur. Il est le seul autorisé à signer les documents financiers. Il n'y a pas de budget qui pourrait être dépensé sans son accord.

La dernière constitution, qui remonte à l'an 2011, permet une transformation qualitative de la décentralisation. Elle consacre le Titre IX à cette question en l'intitulant: « Les régions et les collectivités territoriales ». Il est composé de 11 articles, allant de 135 à 146. Les prérogatives sont désormais très importantes, et nous permettent de parler de la participation démocratique. Ces articles stipulent que les collectivités territoriales doivent être un sujet de droit public pour être gérées démocratiquement avec les valeurs de la coopération et de la solidarité. Ils garantissent la participation de la population dans la gestion de leurs affaires et de promouvoir leur participation au développement humain intégré et durable.

La Constitution de 2011 a nécessité la promulgation d'une nouvelle loi relative aux régions, c'est ce qu'un récent projet de loi, du 26 Juin 2014, a l'intention d'accomplir. Ce nouveau projet de loi consolide tous les aspects de l'ancienne loi, mais ajoute de nombreuses nouvelles fonctionnalités. La région est définie maintenant comme une collectivité territoriale: il s'agit d'un sujet de droit public, doté de la personnalité juridique et de l'autonomie administrative et financière. Le gouvernement reconnaît que la région a le pouvoir de délibération et l'autorité de l'exécution de ses délibérations et décisions. Elle est considérée comme le partenaire privilégié de l'Etat.

Ce dernier projet apporte trois innovations majeures: (1) : le conseil régional sera élu au suffrage direct qui permettra de consolider sa légitimité; (2) : le gouverneur ne sera plus en charge du budget dont le pouvoir va au président du conseil en tant que chef du pouvoir exécutif dans la région; (3) : le conseil va créer deux organes consultatifs ; l'un avec les hommes d'affaires et la société civile, l'autre avec les ONG capables de présenter des pétitions au conseil régional.

Cette nouvelle tournure des événements nous permet de rester très optimiste et croire que la décentralisation et la démocratie participative progressent dans le pays. Toutefois, deux questions restent à élucider: la taille de la prérogative accordée au gouverneur, et si cette mesure sera mise en œuvre dans le Sahara occidental comme une dernière offre présentée aux séparatistes, ou comme un avant-goût d'une autonomie plus rigoureuse.

Le grade IDLP	40
Population	120 847 477
Le grade IDH	61/187
Le score IDH	0,775

Depuis les années 2000, le Mexique a lancé plusieurs programmes de décentralisation: la coordination du développement rural, la création de plates-formes institutionnelles, et l'adoption de politique de subdivision de fonds (World Bank, 2006)

Aperçu bref sur la gouvernance locale

- Le Mexique est divisé en 31 États et 1 district fédéral (Mexico). Les Etats sont divisés en 2 477 municipalités administrées par des conseils municipaux (Ayuntamiento) et dirigé par un maire (SudHistoria, 2011).
- À Oaxaca, 412 municipalités ont des dirigeants autochtones et des assemblées communautaires. Depuis 2005, seulement 12% des municipalités font usage des bulletins secrets de vote (UA, 2005).
- Le Secrétaire de la gouvernance au sein du Ministère de l'Intérieur est responsable de l'administration locale (SEGOB, 2012).
- Les quotas genre sont réglementés par chaque État. L'article 41 de la Constitution fédérale ordonne que les partis politiques créent des règles pour assurer l'égalité des sexes sur les listes électorales (Quota Project, 2014).

Acteurs de la société civile

- Le Réseau d'Amérique latine et des Caraïbes pour la Démocratie (REDLAD) agit comme une plate-forme de partage d'informations, les meilleures pratiques et les stratégies en matière de démocratie et des droits de l'homme dans la région (REDLAD, 2014).
- Observatorio Ciudadano est une plate-forme qui favorise la critique constructive pour résoudre les problèmes et influencer les politiques publiques à Oaxaca (Observatorio Ciudadano, sd).

Institutions de renforcement des capacités

- Le Secrétariat de l'agriculture, de l'élevage, du développement rural, de la Pêche et de l'Alimentation (SAGARPA) est un programme qui a fait des progrès dans la décentralisation du programme de développement rural du Mexique (World Bank, 2006).
- • L'Association des Autorités Locales du Mexique (AALMAC) est une association civile qui agit comme un forum pour les municipalités et la promotion de la formation des autorités etfonctionnaires (AALMAC, 2011).

Le contrôle fiscal

- La plupart des fonds de développement rural proviennent de sources fédérales. Les gouvernements des États ont peu d'influence sur la répartition de ces fonds (World Bank, 2006).
- Les gouvernements locaux perçoivent affectés les taxes urbaines sur la propriété et l'immatriculation des véhicules,

mais ne sont pas autorisés à mettre en œuvre leur propre système fiscal (UCLG, 2010).
- Les dépenses des collectivités locales représentent 6,5% des dépenses totales du gouvernement, qui équivaut à de 2% du PIB (UCLG, 2010).

Les principales initiatives en matière de gouvernance locale participative

- La Ley de Desarrollo Rural Sustentable 2001 (de LDRS) a permis de faire avancer la décentralisation en créant des plates-formes institutionnelles. LDRS prévoit également la signature d'accords entre les secrétariats fédéraux et les États pour la mise en œuvre des programmes sectoriels (World Bank, 2006).
- En Juin 2002, une loi a été publiée, laquelle exigeait la préparation d'un Programa Especial concurrente (PEC) pour coordonner le développement rural (DR) des actions de secrétariats concernés (World Bank, 2006).

Défis pour la gouvernance locale participative

- Il ya une participation limitée de la société civile en Mexique. Le pays souffre aussi du manque de l'éducation des citoyens que ne peut fournir le gouvernement [en ligne] (World Bank, 2007).
- Les gouvernements sub-nationaux sont faibles dans leur planification stratégique, l'approvisionnement, la gestion financière, la collecte de revenus élevés localement, les capacités de développer des projets d'investissement, le suivi et la diffusion des résultats (IDB, 2010).
- En l'absence de la fonction publique, les nouveaux maires amènent de nouveaux membres du personnel administratif, ce qui rend difficile d'établir des programmes durables (Sisk et al, 2001).
- Certains gouvernements municipaux manquent de capacités de base, telles que les forces de police et la capacité de gouverner efficacement (Bertelsmann Stiftung, 2014).

Liste des sources:

American University Department of Government (AU), 2005: "Elections by Customary Law in Oaxaca, Mexico."

Association of Local Authorities of Mexico (AALMAC), 2011: http://www.aalmac.org.mx/.

Bertelsmann Stiftung, 2014: "Sustainable Government Indicators (SGI). 2014 Mexico Report."

Inter-American Development Bank (IDB), 2010: "Mexico."

The Latin American and Caribbean Network for Democracy (REDLAD), 2014: http://www.redlad.org/

Observatorio Ciudadano, n.d.: http://www.conseguridadoaxaca.org/menu.html

Quota Project, 2014: "Mexico."

Secretariat of Agriculture, Livestock, Rural Development, Fisheries and Food (SAGARPA), 2013: http://www.sagarpa.gob.mx/Paginas/default.aspx.

Secretary of Governance (SEGOB), 2012: http://www.paraosc.segob.gob.mx/es/PARAOSC/home.

Sisk, T., 2001: "Democracy at the Local Level."

SudHistoria, 2011: "Corruption, Decentralisation and Caciquismo in Mexico in the last decade."

United Cities and Local Governments (UCLG), 2010: "Local Government Finance: The Challenges of the 21st Century."

World Bank, 2006: "Mexico: Decentralization of Rural Development Programs."

World Bank, 2007: "The Federal Procurement System: Challenges and Opportunities."

Le grade IDLP	28
Population	27 474 377
Le grade IDH	157/187
Le score IDH	0,463

Le gouvernement local au Népal constitue un défi en soi. Le pays est encore largement centralisé alors qu'il n'y a pas eu de gouvernements locaux élus depuis 2002 (GDI, 2013; World Bank, 2014).

Aperçu bref sur la gouvernance locale

- Le gouvernement local au Népal est divisé en 75 districts moyens, chacun avec un comité de développement du district (DDC). Les districts sont subdivisés en 58 municipalités et 3 913 comités villageois de développement (CVD). Les CDV sont divisés en quartiers et servent le plus bas niveau de la prestation de service dans le système (GDI, 2013; World Bank, 2014).
- Les municipalités et les comités de développement villageois sont directement élus et le chef de l'administration est nommé par le Ministère des Affaires Fédérales et du Développement Local, qui surveille l'ensemble des organismes locaux (MoFALD) (UCLG, 2007; World Bank, 2014).
- 40% des candidats désignés pour les élections des conseils municipaux doivent être des femmes (Quota Project, 2014).

Acteurs de la société civile

- Au niveau du district, la Fondation GoGo dispose d'un réseau de bons clubs de gouvernance qui militent pour une gouvernance responsable, transparente et participative (Fondation GoGo, 2014).

Institutions de renforcement des capacités

- Le Programme de Développement Communautaire de la Gouvernance Locale aspire à améliorer la capacité des services publics locaux pour la prestation de services, la reddition decomptes et les ressources humaines (LGCDP, 2014).
- La Local Governance and Accountability Facility (LGAF) est un programme national qui encourage l'engagement citoyen et développe la capacité des groupes marginalisés et les organisations civiques pour améliorer la transparence et la responsabilité dans le gouvernement local (LGAF, 2014).

Le contrôle fiscal

- Les municipalités reçoivent des subventions et des revenus collectés par le gouvernement central. Elles peuvent également imposer des taxes sur les logements, les terres, le loyer, les entreprises, les véhicules, les propriétés, le divertissement, et imposer des, également, des impôts de service (UCLG, 2007).
- Les CDD bénéficient de transferts budgétaires de l'administration centrale et peuvent imposer des droits et taxes de service, et d'autres taxes sur le transport et sur certaines marchandises (UCLG, 2007).
- Les CDV peuvent taxer le logement, la terre, le loyer, les marchés, les véhicules, les affaires commerciales et les ressources naturelles; elles peuvent également imposer des impôts sur les services (UCLG, 2007).

Les principales initiatives en matière de gouvernance locale participative

- La loi sur la décentralisation de 1982 prévoit de passer des responsabilités au gouvernement du niveau du district (UCLG, 2007).
- Après avoir restauré la démocratie en 1991, il y a eu trois lois qui ont favorisé les réformes de décentralisation en 1992: la loi sur les comités de développement de district, la Loi sur le comité villageois de développement, et la loi municipale (UCLG, 2007).
- La loi sur l'auto-gouvernance locale (LSGA) de l'année 1999 attribue des responsabilités importantes dans la prestation de services et mandate une autonomie partielle quant à la prise de décisions et la participation dans les organes locaux (UCLG, 2007).
- Le Programme de Gouvernance Locale et de Développement Communautaire (LGCDP) travaille actuellement sur la réduction de la pauvreté par le développement participatif communautaire et la création de gouvernements locaux inclusifs, responsables et réactifs (GDI, 2013).
- En Février 2015, le Népal fixe pour but de promulguer une nouvelle constitution (Ranjitkar 2104), qui comprendra «une clarification des rôles et responsabilités pour les niveaux de gouvernement local, des dispositions pour une base plus sûre pour les élus locaux" et une formule plus transparente de transfert de fonds (UCLG, 2010).

Défis pour la gouvernance locale participative

- Il n'y a pas eu d'élections locales, au Népal, depuis 2002. En l'absence de ces élections, les gouvernements locaux sont administrés par des organismes non élus intermédiaires dirigés par des bureaucrates nommés (GDI, 2013).
- La corruption est endémique au sein des organes de l'administration locale et handicape sérieusement la capacité des autorités locales à fournir des services nécessaires, ce qui entraîne la perte de légitimité dans les yeux des citoyens népalais (GDI, 2013).
- Bien que « LSGA » ait été considéré comme une étape importante, ses principaux éléments n'ont pas été mis en œuvre, le financement des collectivités locales est très faible, et la perception des recettes est limitée en raison de plus grandes municipalités (UCLG, 2007; World Bank, 2014).

Liste des sources:

German Development Institute (GDI), 2013, Mallik, V.: "Local and community governance for peace and development in Nepal."

Good Governance (GoGo) Foundation, 2013: http://www.gogofoundation.org/.

Local Governance Accountability Facility (LGAF), 2014: http://www.lgaf.gov.np/.

Local Governance and Community Development Programme (LGCDP), 2014: http://www.lgcdp.gov.np/home/index.php.

Quota Project, 2014: "Nepal."

Ranjitkar, S., 2014, Scoop, Independent News: "Nepal: Promulgating A New Constitution By February 2015."

United Cities and Local Governments (UCLG), 2007: "UCLG Country Profiles: Federal Democratic Republic of Nepal."

United Cities and Local Governments (UCLG), 2010: "Local Government Finance: The Challenges of the 21st Century."

World Bank, 2014, Farvacque-Vitkovic, C. and M. Kopanyi: "Municipal Finances. A Handbook for Local Governments."

Le grade IDLP	16
Population	17 831 270
Le grade IDH	186/187
Le score IDH	0,304

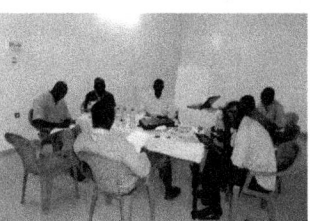

Le Niger a souffert de l'instabilité politique et institutionnelle au cours des dernières années. Il a souffert également des coups d'Etat militaires survenus en 1996, 1999 et 2010. Dans la Constitution de 2010, le Niger établit l'architecture institutionnelle de la république susceptible de préparer le terrain aux organismes et les cadres de coopération sur les questions d'intérêt national (IMF, 2013).

Aperçu bref sur la gouvernance locale

- Le Niger dispose de trois niveaux de gouvernement sub-national: 8 régions, 36 départements et 265 communes. Toutefois, c'est ce seul dernier niveau, communal, qui compense le travail qu'il faut faire en matière de gouvernance local. Les régions et les départements sont dirigés par des conseils et des chefs de conseils. Les municipalités sont dirigées par des conseils et des maires (UCLG, 2008).
- Niamey, Maradi, Tahoua, et Zinder sont toutes des communautés urbaines avec des conseils composés de délégués de chaque municipalité. Les chefs du conseil de la communauté urbaine sont élus par les délégués (UCLG, 2008).
- Les «représentants de l'État contrôlent la légalité du travail et des actions à réaliser par les autorités municipales » (UCLG, 2008).
- Le Niger adopte des quotas genre au niveau sub-national: "Lors des élections législatives et locales, les listes présentées par les partis politiques, groupes de partis ou groupes de candidats indépendants politiques devraient contenir des candidats des deux sexes. A l'annonce des résultats définitifs, la proportion des candidats élus des deux sexes ne doit pas être inférieure à 10%. (Quota Project, 2014). »

Acteurs de la société civile

- L'Association des Femmes Juristes du Niger (AFJN) œuvre pour l'amélioration du statut juridique des femmes dans le pays(GNB, 2014).
- L'Association Nigérienne de Défense des Droits de l'homme (ANDDH) assure la formation et l'éducation civique dans le domaine des droits de l'homme (ANDDH, 2012).

Institutions de renforcement des capacités

- L'Association des Municipalités du Niger (AMN) travaille pour le développement durable via le renforcement des capacités des municipalités (AMN, 2011).

Le contrôle fiscal

- A la fin de chaque exercice, les autorités locales envoient leurs comptes financiers et administratifs à la Cour des Comptes pour contrôle (UCLG, 2008).
- Les municipalités sont essentiellement financées par des allocations émanant du gouvernement central. Là-dessus, il n'y a pas de loi qui précise le montant à transférer par le gouvernement central. Les autorités locales et l'Etat ont aussi des impôts partagés (UCLG, 2008).
- Les conseils locaux ont le pouvoir de créer des impôts pour payer les services offerts par la région, le département, ou la municipalité et qui sont à l'avantage personnel du contribuable. Les conseils peuvent également ajouter des majorations d'impôt pour les taxes et les surtaxes outre celles imposées par le gouvernement central (UCLG, 2008).

Les principales initiatives en matière de gouvernance locale participative

- En 1961, le Niger a adopté la loi n° 61/30 qui appelle à la création des autorités locales. Et en 1964, la loi 64/023 établit les circonscriptions administratives et intègre les autorités locales dans le cadre de la centralisation étatique (UCLG, 2008).
- Le processus de décentralisation lancé depuis 1991 survient en réponse aux demandes fédéralistes de ceux qui menaient la rébellion armée (UCLG, 2008).
- Développé en 2000, le Document de Stratégie de Réduction de la Pauvreté appelle à « la promotion de la bonne gouvernance, le renforcement des capacités humaines et institutionnelles et la décentralisation» pour parvenir à une gouvernance politique, économique et locale plus forte et durable (UCLG, 2008).
- Le Haut Commissariat à la Modernisation de l'Etat a créé la Politique Nationale de la Modernisation de l'État visant à accroître la qualité et l'accessibilité des services publics offerts aux citoyens (IMF, 2013).
- La Politique Nationale de Décentralisation de Mars 2012 a alloué au gouvernement local le contrôle des politiques, de la bonne gouvernance, du développement local durable et de la démocratie locale (IMF, 2013).

Défis pour la gouvernance locale participative

- Les gouvernements locaux sont handicapés par le manque de ressources et l'incapacité à mobiliser des ressources internes pour s'acquitter de leurs responsabilités et de prestation de services (IMF, 2013).
- Le niveau d'analphabétisme élevé et le manque de formation ainsi que la faiblesse de capacité d'agir chez un grand nombre de conseillers ont engendré la faiblesse des organes appartenant aux autorités locales. Par conséquent, ces organismes n'ont qu'une autonomie réduite (UCLG, 2008).
- La décentralisation et la création des autorités municipales élues en 2004 ont été effectuées sans soutien politique fort (de Sardan, 2012).

Liste des sources:

Association des Municipalités du Niger (AMN), 2011: https://www.facebook.com/pages/AMN-Association-des-Municipalit%C3%A9s-du-Niger/20

Association Nigérienne de Défense des Droits de l'homme (ANDDH), 2012: http://anddh-niger.org/.

Girls Not Brides (GNB), 2014: http://www.girlsnotbrides.org/members/association-des-femmes-juristes-du-niger-afjn/.

International Monetary Fund (IMF), 2013: "Niger: Poverty Reduction Strategy Paper."

de Sardan, J., 2012: "Providing public goods: Local responses to policy incoherence and state failure in Niger."

Quota Project, 2014: "Niger."

United Cities and Local Governments (UCLG), 2008: "Country Profile: Niger."

Le grade IDLP	25
Population	168 833 776
Le grade IDH	153/187
Le score IDH	0,471

Le Nigeria est l'un des pays les plus décentralisés en Afrique. Toutefois, les gouvernements locaux sont confrontés à des difficultés au niveau de des prestations des services sociaux et économiques en raison d'un "décalage entre les recettes des pouvoirs des collectivités locales et leurs responsabilités en matière de dépenses" (IFPRI, 2009).

Aperçu bref sur la gouvernance locale

- Le Nigeria se constitue de 36 États et du Territoire de la Capitale Fédérale, Abuja. Les États contiennent 768 autorités de gouvernement locale et 6 conseils de région de Abuja (CLGF, 2013).
- Les conseils locaux sont élus au suffrage direct et se composent de 10 à 13 conseillers (CLGF, 2013).
- Le ministère de l'administration locale est responsable de l'élaboration et le maintien de l'administration locale, de la gestion des propositions budgétaires et la promotion d'initiatives de renforcement des capacités (Ministry of Local Government, 2013).
- Le Nigeria n'a pas adopté de quotas genre (British Council, 2012).

Acteurs de la société civile

- Le Centre pour la Démocratie et le Développement (CDD) renforce le développement démocratique et met l'accent sur le renforcement des capacités, la défence de la politique et de la gouvernance démocratique (CDD, 2014).
- Le Centre pour l'environnement, les Droits de l'homme et le Développement (CEHRD) promeut les droits des communautés rurales et leur donne les moyens d'évoluer à travers l'éducation et l'assistance (CEHRD, 2012).
- Le Forum sur le Leadership Féminin (FLF) soutient les femmes leaders et renforce la participation des jeunes au niveau local et national (FLF, 2012).

Institutions de renforcement des capacités

- L'Association des Gouvernements Locaux du Nigeria (ALGON) représente tous les gouvernements locaux. Elle leur fournit des services et du soutien pour s'assurer que les approches de développement participatif sont adoptées dans les zones gouvernementales locales urbaines et rurales pour un développement local efficace (CLGF, 2013).
- Le Partenariat d'Etat pour la Responsabilité, la Réactivité et la Capacité (SPARC) soutient les réformes actuelles du gouvernement au Nigeria et contribue à améliorer la gestion des ressources (SPARC, 2014).

Le contrôle fiscal

- Les impôts sont prélevés et collectées par le gouvernement fédéral et celui de l'Etat. Les gouvernements locaux peuvent collecter certaines taxes locales (par ex- dans le secteur de transport, le colportage et les marchés) et reçoivent un financement du gouvernement de l'État et un compte d'allocation fédérale (CLGF, 2013).
- Le Gouvernement d'État et le gouvernement local contrôlent environ 50% du total des revenus de l'État; environ 20% sont alloués pour les gouvernements locaux (CLGF 2013).

Les principales initiatives en matière de gouvernance locale participative

- La Réforme du Gouvernement Local de 1976 a été un tournant décisif qui a ouvert la voie à l'instauration d'un système de gouvernement local dans le pays. Elle a conceptualisé le gouvernement local comme un troisième niveau, qui a également été inscrit dans la Constitution de 1979 (Okafor et Orjinta, 2013).
- La Constitution de 1999, adoptée après la fin du gouvernement militaire, reconnaît le gouvernement local comme un troisième niveau. Mais, le gouvernement local demeure sous le contrôle du gouvernement de l'État (Okafor et Orjinta, 2013).
- En 2011, le Nigéria a adopté la « Freedom of Information Act » pour améliorer la transparence du gouvernement. Toutefois, l'accès à l'information est souvent refusé (Freedom House, 2014).

Défis pour la gouvernance locale participative

- Seulement 157 des 774 collectivités locales sont dirigées par des conseils locaux élus. Contrairement à la Constitution de 1999, les conseils locaux restants sont remplacés par des «comités intérimaires », qui sont nommés par le gouverneur de l'État (Okafor et Orjinta, 2013).
- Les Etat et les collectivités locales échouent dans la tâche de fournir aux citoyens des services publics (IFPRI, 2009).
- Les élections locales ne s'effectuent pas sur une cadence de base régulière (Nigerians Talk, 2013).
- Le niveau de transparence et de reddition de comptes sur la gestion des ressources publiques à tous les niveaux de gouvernement est limité. Cela s'aggrave davantage par la faiblesse des sanctions à l'égard des coupables (World Bank, 2009).
- Les femmes représentent moins de 10% des conseillers élus dans les collectivités locales (CLGF, 2013).

Liste des sources:

British Council, 2012: "Gender in Nigeria Report 2012."

Center for Environment, Human Rights and Development (CEHRD), 2012: www.cehrd.org.

Centre for Democracy and Development (CDD), 2014: http://cddwestafrica.org/index.php/en/.

Commonwealth Local Government Forum (CLGF), 2013: "The Local Government System in Nigeria."

Female Leadership Forum, 2012: www.flf.com.ng/home.

Freedom House, 2014: "Nigeria."

Information Nigeria, 2013: "ALGON calls for LG Autonomy."

International Food Policy Research Institute (IFPRI), 2009, Okojie, C.: "Decentralization and Public Service Delivery in Nigeria."

Ministry of Local Government, 2013: http://www.nigerstate.gov.ng/ministry-of-local-government.html.

Nigerians Talks, 2013, Amaza, M.: "Do we need local government autonomy?"

Okafor, J and I. Orjinta, 2013, Commonwealth Journal of Local Governance: "Constitutional Democracy and Caretaker Committee in Nigeria Local Government System: An Assessment."

State Partnership for Accountability, Responsiveness and Capability (SPARC), 2014: www.sparc-nigeria.com/index.php.

Le grade IDLP	32
Population	36 345 860
Le grade IDH	161/187
Le score IDH	0,456

Le processus de décentralisation de l'Ouganda a porté beaucoup de changements significatifs concernant les conseils locaux nommés et les conseils des dirigeants élus par le peuple. Il est évident que le système à cinq niveaux permet mieux au gouvernement du pays d'inclure la population locale dans les processus de prise de décision (Devas et Grant, 2003).

Aperçu bref sur la gouvernance locale

- Au niveau national, le Ministère du Gouvernement Local est chargé de superviser la décentralisation et la gouvernance locale des Etats (Ministry of Local Government, 2014).
- Le gouvernement local est structuré en forme de cinq niveaux de pouvoir: 111 conseils de district, 189 conseils départementaux et municipaux, 1373 sous-comté et conseils municipaux, 8352 conseils paroissiaux, et 57,610 villages (ruraux) et conseils de quartier (urbains) (CLGF, 2013).
- Les élections au niveau supérieur sont menées selon un système uninominal à un tour. Les conseils de niveau inférieur sont directement élus par scrutin secret (CLGF, 2013).
- La Constitution de 1995 prévoit qu'un tiers des représentants de chaque conseil de gouvernement local soit réservé aux femmes (Quota Project, 2014).

Acteurs de la société civile

- Le Forum National des ONG en Ouganda (UNNGOF) assure la connexion entre différents organismes concernés par la promotion des politiques de défense des droits de citoyens, le renforcement des capacités, la recherche dans la politique et la mobilisation des ONG dans un seul réseau (UNNGOF, 2014).
- Le Ministère du Gouvernement Local favorise la transparence et garantit que les gouvernements locaux exercent leurs fonctions correctement (Ministry of Local Government, 2014).

Institutions de renforcement des capacités

- L'Association des Gouvernements Locaux en Ouganda (ULGA) organise des formations pour les dirigeants locaux afin de répondre à leurs responsabilités en tant que conseillers municipaux (ULGA, 2014).
- L'utilisation de la radio à grande échelle a permis de renforcer la transparence dans la prise de décision et a aidé à ce que les citoyens puissent participer aux discussions sur le gouvernement local et les questions locales de la société civile (JAALGS, 2012).

Le contrôle fiscal

- La principale source de revenus pour le gouvernement local est les subventions octroyées par le gouvernement central. Le processus d'attribution est basé sur une formule prenant en considération certains facteurs tels que la population, les revenus par habitant et la nature de la zone en question. En 2008 et 2009, 12,3% des dépenses totales du gouvernement ont été affectées au gouvernement local (CLGF, 2013).
- Le gouvernement local renforce la valeur de ses revenus grâce à l'impôt progressif (en suspension dans l'exercice 2004-2005), les taxes sur les marchés et les licences locales. Les municipalités génèrent des revenus supplémentaires par les impôts fonciers et les redevances foncières (World Bank, 2009).

Les principales initiatives en matière de gouvernance locale participative

- La Loi du Gouvernement Local de 1997 a établi une politique de décentralisation (IFPRI, 2011).
- Le nombre de conseils de district a presque doublé au cours de la dernière décennie, l'augmentation de la participation populaire au niveau local (CLGF, 2013).
- En 2010, l'Association des Autorités Urbaines de l'Ouganda, le Partenariat pour le Développement Municipal et l'Association Internationale de Gestion de la ville / comté se sont associés pour aider le gouvernement à l'urbanisation, en échange de l'autonomisation des autorités locales à renforcer la participation active de la communauté (ICMA, sd).

Défis pour la gouvernance locale participative

- L'Ouganda a fait face à des défis concernant notamment la reconnaissance du gouvernement local face à un leadership traditionnel qui n'était pas prêt à passer au gouvernement décentralisé. En outre, seuls, les conseils des sous-comtés et de district ont le pouvoir politique et les ressources nécessaires pour fournir des services publics (JAALGS, 2012).
- Les ressources financières limitées des gouvernements locaux les rendent trop dépendants des subventions du gouvernement central (IFPRI, 2011).

Liste des sources:

Commonwealth Local Government Forum (CLGF), 2013: "Country profile: Uganda."

Devas , N. and U. Grant, 2003, Public Administration and Development : Local government decision-making—citizen participation and local accountability: some evidence from Kenya and Uganda

International City/Country Management Association (ICMA), 2010: "Strengthening Urban Local Governments in Uganda"

International Food Policy Research Institute (IFPRI), 2011: "Decentralization and rural service delivery in Uganda"

Journal of African & Asian Local Government Studies (JAALGS), 2012: "Decentralization and good governance in Africa: Institutional challenges to Uganda's local governments"

Ministry of Local Government, 2014: http://www.molg.go.ug/.

National Forum of NGOs in Uganda (UNNGOF), 2014: http://ngoforum.or.ug/.

Quota Project, 2014: «Uganda».

Uganda Local Governments' Association (ULGA), 2014: http://www.ulga.org/.

UN Human Development Index, 2012: "Uganda"

World Bank, 2009 : "Local Government Discretion and Accountability: Application of a Local Governance Framework"

Le grade IDLP	42
Population	179 160 111
Le grade IDH	146/187
Le score IDH	0,515

Le Pakistan a d'abord lancé des réformes de décentralisation profonde en 1973. D'autres ont été lancées, à nouveau, en 2000 et 2001. Cependant, les gouvernements locaux ont été suspendus en 2010 et on a placé les municipalités sous l'autorité provinciale (UCLG, 2010). En 2013, le ministre des Collectivités (gouvernements) locales a annoncé l'introduction d'une nouvelle loi sur le gouvernement local en vertu de laquelle il y aura à organiser des les élections locales. En revanche, ces élections ont été reportées à une date incertaine (The Express Tribune, 2014).

Aperçu bref sur la gouvernance locale

- Le gouvernement sub-national au Pakistan se compose de quatre gouvernements provinciaux. Les provinces sont responsables de la création des gouvernements locaux en collaboration avec les ministères pour gérer les secteurs et les affaires de l'administration locale. (UCLG, 2010).
- Les gouvernements locaux sont divisés en 112 districts (zones rurales) et des Districts City (grandes régions métropolitaines), 399 Tehsils ou villes et 6125 Conseils de l'Union (UCLG, 2010).
- Le Pakistan a promulgué le système de quotas genre sous sa forme de sièges réservés. À chaque niveau de gouvernement local et de chaque organisme de gouvernement, 33% des sièges sont réservés aux femmes. Dans les assemblées provinciales, également, 22% des sièges sont réservés aux femmes (Quota Project, 2014).

Acteurs de la société civile

- La Commission des Citoyens pour le Développement Humain (CCDH) chapeaute des programmes d'éducation sur le gouvernement local et organise des campagnes de défense de la gouvernance démocratique (CCDH, 2012).
- L'Association pour le Développement National Intégré (NIDA) aide au renforcement des capacités pour la bonne gouvernance, la participation citoyenne et le développement des deux secteurs public et privé (NIDA, 2012).

Institutions de renforcement des capacités

- L'Association des Conseils Locaux du Pendjab (LCAP) coordonne les gouvernements locaux dans la province du Pendjab pour promouvoir la gouvernance participative et faciliter les solutions d'action commune à des problèmes communs (LCAP, 2013).

Le contrôle fiscal

- Le gouvernement central domine la majorité du pouvoir fiscal. Les gouvernements provinciaux peuvent percevoir des taxes mineures. Une partie importante des recettes provinciales est transférée aux collectivités locales qui dépendent uniquement des transferts intergouvernementaux (UCLG, 2010).
- L'autorité du gouvernement local sur la propriété demeure suspendue (UCLG, 2010).

Les principales initiatives en matière de gouvernance locale participative

- Le transfert des responsabilités de gestion du gouvernement adopté en 2001 a intégré la réforme électorale dans les structures et les processus gouvernementaux locaux. Cela a permis aux gouvernements de districts d'accéder aux revenus, et a permis aussi aux gouvernements de villes de s'approprier les fonctions des anciennes autorités municipales (CJLG, 2013).
- En 2001, le Pakistan a lancé un grand réajustement territorial qui a permis l'accroissement des responsabilités des autorités municipales des villes et a étendu le prélèvement des impôts fonciers (UCLG, 2010).
- Il a été annoncé que le gouvernement provincial du Pendjab rétablirait son système de gouvernement local et préparerait les élections locales d'ici la fin de l'année 2013 (Daily Times, 2013).

Défis pour la gouvernance locale participative

- L'institutionnalisation de la responsabilité politique au niveau local n'a pas été réussie jusqu'au bout. Le contrôle et suivi citoyen local du travail des fonctionnaires locaux restent faibles (UCLG, 2010).
- La commission du gouvernement local et celle des finances provinciales n'ont pas la capacité suffisante pour protéger les droits des gouvernements locaux (World Bank, 2010).
- Les gouvernements locaux sont confrontés à de graves contraintes financières. L'accès aux recettes fiscales locales est très limité et les fonds transférés des gouvernements provinciaux sont insuffisants (UCLG, 2010).
- On a programmé la promulgation d'une nouvelle loi et des élections locales pour la fin de 2013, mais cela a été retardé indéfiniment à cause des amendements établis (The Express Tribune, 2014).

Liste des sources:

Citizens' Commission of Human Development (CCHD), 2012: http://cchd.org.pk/CCHD_Files/Democratic_Governance.html.

Commonwealth Journal of Local Governance (CJLG), 2013:"Pakistan's Devolution of Power Plan 2001: A brief dawn for local democracy?"

Daily Times, 2013: "Features of Punjab Local Government Bill."

Local Councils Association of the Punjab (LCAP), 2013: http://lcap.org.pk/.

National Integrated Development Association (NIDA), 2012: http://www.nidapakistan.org/ta8.php.

Quota Project, 2014: "Pakistan."

The Express Tribune, 2014: "ECP postpones local government elections in Punjab."

United Cities and Local Governments (UCLG), 2010: "Local Government Finance: The Challenges of the 21st Century."

World Bank, 2010: "Procurement and Service Delivery in South Asia: Improving Outcomes through Civic Engagement, Strengthening Procurement Practices in Pakistan."

Le grade IDLP	23
Population	6 802 295
Le grade IDH	111/187
Le score IDH	0,676

Les pays d'Amérique Latine sont connus pour leur haut niveau de décentralisation. Maist, le Paraguay est l'un des pays les plus centralisés dans la région en raison de la menace existante vis-à-vis de sa souveraineté nationale et sa population faible, en général.

Aperçu bref sur la gouvernance locale

- Le Paraguay est divisé en 17 départements et 231 communes municipales. Les citoyens élisent directement leur maire. Un système de représentation proportionnelle est utilisé pour élire les conseillers (UCLG, 2008).
- Au niveau national, l'Office National d'Audit et le Congrès National supervisent le gouvernement local (UCLG, 2008).
- Le pays adopte des quotas genre au niveau sub-national: «Les partis sont tenus d'avoir des mécanismes internes pour s'assurer que 1 de tous les 5 candidats sur la liste des partis et des mouvements primaires devrait être une femme » (Quota Project, 2013).

Acteurs de la société civile

- Le Centre d'Etudes judiciaires (CEJ) travaille pour améliorer le système judiciaire dans le Paraguay. Il aspire aussi à promouvoir l'augmentation de la participation des citoyens et l'accès effectif à la justice sociale (CEJ 2014).
- Le Centre d'Information et de Ressources pour le Développement (CIRD) œuvre pour favoriser le progrès et la justice sociale par la mobilisation de la société civile afin de mieux gérer les ressources et partager les informations (CIRD, 2006).
- Germes pour la Démocratie (Semillas) est un organisme qui favorise la participation citoyenne et l'exercice responsable de gouvernement pour améliorer la qualité globale de la démocratie. Il collabore aux côtés des organisations et des institutions chargées de l'élaboration des politiques et des lois pour s'assurer que ces les lois et politiques soutiennent les pratiques et les initiatives citoyennes démocratiques (Semillas, sd).

Institutions de renforcement des capacités

- L'Organisation Paraguayenne de Coopération Intercommunale (OPACI) a été créée en 1971 dans le but de promouvoir la coopération entre les municipalités et le renforcement des gouvernements locaux (Opaci, 2014).
- Le Conseil des gouverneurs est un sous-département du Ministère des Relations Extérieures (RFG). Il a été créé dans les années 1990 pour servir de plate-forme pour les gouverneurs afin de débattre des questions locales et des projections planifiées pour le futur (MER, 2014).

Le contrôle fiscal

- Les dépenses des gouvernements locaux représentent environ 1,8% du PIB total, soit 7% du total des dépenses publiques (UCLG, 2010).
- Certains éléments des budgets locaux doivent être approuvés par les autorités de niveau supérieur dans les niveaux centraux ou régionaux (UCLG, 2010).
- Il n'y a presque pas de restriction sur les emprunts locaux (UCLG, 2010).

Les principales initiatives en matière de gouvernance locale participative

- Le premier article de la nouvelle Constitution démocratique de l'année 1992 définit le Paraguay comme nation "décentralisée" (UCLG, 2008).
- En 1991, les municipalités élisent directement les maires pour la première fois après qu'un nouveau code électoral ait été rétabli (UCLG, 2008).
- Certaines municipalités ont commencé à introduire le budget participatif comme un moyen d'inclure les citoyens dans les processus de prise de décision en matière de finances (UCLG, 2008).
- La Banque Mondiale reconnaît les succès constatés au Paraguay au niveau de l'accès gratuit aux soins de santé primaires et à l'éducation de base pour tous les citoyens (World Bank, 2013).

Défis pour la gouvernance locale participative

- Le gouvernement a eu du mal à travailler avec de petits budgets pour mettre en œuvre des projets réussis et construire des institutions publiques efficaces (UN, 2004).
- Les mécanismes de reddition de comptes insuffisants ont constitué un défi inhérent à l'application des politiques et des projets (UN, 2004).
- Les municipalités sont toujours contrôlées par le gouvernement central en dépit de leur autonomie juridique et les progrès réalisés vers la démocratisation depuis 1991 (UCLG, 2008).

Liste des sources:

Center for Information and Resources for Development (CIRD), 2006: http://www.cird.org.py/.

Center for Judicial Studies (CEJ), 2014: http://www.cej.org.py/index.php/cej.

Ministry of External Relations (MER), 2014: http://www.mre.gov.py/v1/Contenidos/222-autoridadesNacionales.aspx#Gobernadores.

Paraguayan Organization of Intermunicipal Cooperation (OPACI), 2014: http://www.opaci.org.py/.

Quota Project, 2013: "Paraguay."

Seeds for Democracy (Semillas), n.d.: http://www.semillas.org.py/.

United Cities and Local Governments (UCLG), 2008: "UCLG Country Profiles: Paraguay."

United Cities and Local Governments (UCLG), 2010: "Local Government Finance: The Challenges of the 21st Century."

United Nations (UN), 2004: "Paraguay: Overview of achievements and challenges promoting gender equality and women's empowerment."

World Bank, 2013: "Paraguay Overview."

Le grade IDLP:	16
Population	96 706 764
Le grade IDH	114/187
Le score IDH	0,654

Bien que le Code des Collectivités Locales (LGC) des Philippines soit considérée comme une étape importante vers la réforme de la décentralisation et la gouvernance sous le régime de l'actuel président Aquino Jr., les Philippines restent confrontées à plusieurs des défis au niveau local.

Aperçu bref sur la gouvernance locale

- Les Philippines disposent de quatre unités de gouvernement local (LGU): 80 provinces, 122 villes, 1 512 municipalités et 42 000 barangays (CenPEG 2012).
- Au niveau national, le Ministère de l'Intérieur et du Gouvernement Local est responsable de la supervision de l'administration locale ; quant au Bureau des Finances du gouvernement local appartenant au Ministère des Finances, il exerce une surveillance financière (UCLG, 2006).
- À tous les niveaux locaux, l'on trouve des fonctionnaires élus du gouvernement et des conseils locaux de développement pour un mandat de trois ans (LGC, 1991).
- Le LGC exige que les femmes soient l'un des trois représentants des secteurs qui se trouvent dans toutes les municipalités, les villes et le conseil provincial (Quota Project, 2014).

Acteurs de la société civile

- Le Centre pour la Promotion des Gens en Gouvernance (CenPEG) travaille pour habiliter les personnes pauvres à jouer un rôle plus important dans la gouvernance, et organise des formations sur les élections, sur la participation des citoyens à la vie administrative et politique et sur d'autres domaines (CenPEG, 2014).
- La Fondation pour le Développement du Gouvernement Local (LOGODEF) œuvre à renforcer les autorités locales et la promotion de la gouvernance locale (LGA, 2013).
- La Fondation Galing Pook (GPF) travaille pour atteindre l'excellence dans la bonne gouvernance et agit comme une institution de renforcement de capacité. Elle récompense, aussi, les programmes du gouvernement local (GPF 2013).

Institutions de renforcement des capacités

- L'Académie des Collectivités Locales (LGA) est le fournisseur essentiel des services de renforcement des capacités pour les unités gouvernementales locales (UGL). La LGA sert tous les organes administratifs locaux à l'échelle nationale à partir du niveau basique de la conception à la mise en œuvre des programmes de formation et d'autres formes d'assistance technique. (LGA 2013).
- L'Union des Autorités Locales aux Philippines (ULAP) cherche à atteindre "une véritable autonomie locale pour toutes les UGL "et assurer "la prestation efficace de services de base aux communautés locales" (ULAP, 2014).

Le contrôle fiscal

- Les sources propres de revenus des UGL sont constituées des impôts sur la propriété, des impôts provenant des affaires locales, de la communauté et d'impôts divers. Ces revenus représentent 32,5% du budget des UGL. Quarante pour cent des taxes domestiques (⅔ des recettes totales de l'UGL) et 40% des revenus de l'utilisation de la richesse nationale (des ressources naturelles) (0,35% du total des revenus des UGL) sont transférés à titre de revenus partagés (IMF, 2012).
- Les UGL ont le droit de «déterminer leurs propres sources de revenus, sous réserve des lignes directrices et des limites que le Congrès peut émettre, conformément à la politique tracée par l'autonomie locale» (IMF, 2012).

Les principales initiatives en matière de gouvernance locale participative

- Le LGC de 1991 est l'instrument primordial de la décentralisation en permettant la «dévolution, la déconcentration et la délégation, et la décentralisation des ressources financières pour soutenir les services de base décentralisés» (UCLG, 2006).
- Le Système de Gestion de la Performance de la Gouvernance Locale a été créé en 2001 pour aider à mesurer l'efficacité et l'efficience de la prestation des services du gouvernement local (UCLG, 2006).
- Après l'élection du président Aquino Jr. en 2010, une série de réformes a été instaurée pour améliorer la gouvernance et la transparence, lutter contre la corruption, promouvoir l'autonomisation et le renforcement de la participation directe des citoyens (GIFT, 2013).

Défis pour la gouvernance locale participative

- De nombreux gouvernements locaux ne parviennent pas à offrir à leurs communautés des ressources et des services adéquats de base (Asia Foundation, 2010).
- La corruption et le clientélisme posent un autre problème: «les patrons locaux contrôlent souvent leurs régions respectifs, ce qui limite la vérification de la transparence et encourage les abus de pouvoir» (Freedom House, 2014).• Les dispositions du LGC de 1991 créent des déséquilibres verticaux et horizontaux. Les ressources des gouvernements locaux et allocations fiscales favorisent les gouvernements locaux dans les villes (World Bank, 2011).

Liste des sources:

Asia Foundation, 2010: "Local Governance in the Philippines."

Center for People Empowerment in Governance (CenPEG), 2012: "20 Years After: Revisiting the Local Government Code."

Center for People Empowerment in Governance (CenPEG), 2014: http://www.cenpeg.org.

Freedom House, 2014: "Philippines."

Galing Pook Foundation (GPF), 2013: http://www.galingpook.org.

Global Initiative for Fiscal Transparency (GIFT), 2013: "Country Report: The Philippines."

International Monetary Fund (IMF), 2012: "Philippines: Reform of the Fiscal Regimes for Mining and Petroleum."

Local Government Academy (LGA), 2013: http://www.lga.gov.ph. Local Government Code of the Philippines (LGC), 1991.

Local Government Code of the Philippines (LGC), 1991.

Quota Project, 2014: "Philippines."

Union of Local Authorities in the Philippines (ULAP), 2014: http://ulap.net.ph/index.php/en.

United Cities and Local Governments (UCLG), 2006: "UCLG Country Profiles: Philippines."

World Bank, 2011: "Ripe for a Big Bang? Assessing the Political Feasibility of Legislative Reforms in the Philippines' Local Government Code."

Le grade IDLP	32
Population	65 705 093
Le grade IDH	186/187
Le score IDH	0,304

Une nouvelle Constitution est entrée en vigueur en 2006, cela a constitué un pas important vers une plus grande décentralisation de la République Démocratique du Congo (RDC). En revanche, ces dernières années ont été marquées par des cycles de violence et l'échec des réformes de décentralisation stipulées dans la Constitution.

Aperçu bref sur la gouvernance locale

- La nouvelle Constitution a maintenu les 11 provinces existantes, mais ordonne qu'elles se passent à 26 dans les trois ans. Mais à ce jour, cela n'a pas été le cas (SSRC, 2013).
- Les provinces sont subdivisées en entités territoriales décentralisées (ETD): villes, communes, secteurs et chefferies (DRC Constitution, 2005).
- Le Ministère de la Décentralisation et l'Aménagement du Territoire a été créé par la Constitution de 2006 pour superviser la décentralisation. Toutefois, il a été supprimé en 2011 en vertu d'un décret présidentiel (SSRC, 2013).
- La Constitution a appelé à constituer des assemblées élues directement aux niveaux national, provincial et local. Or, les ETD n'ont pas d'assemblées élues et les administrateurs sont nommés par le président (SSRC, 2013).
- La Constitution prévoit le droit des femmes « à une représentation égale dans les institutions nationales, provinciales et locales », mais elle ne prévoit pas des sanctions en cas de non-respect de ce droit constitutionnel (Quota Project, 2014).

Acteurs de la société civile

- L'Observatoire pour la Liberté de la Presse en Afrique est un réseau de journalistes et d'experts juridiques qui promeut la liberté de la presse dans la RDC (Société civile, 2014).

Institutions de renforcement des capacités

- Le programme ICT4Gov de l'Institut de la Banque Mondiale a introduit au pays un outil de technologie mobile pour améliorer les processus de budgétisation participative (World Bank, 2012).

Le contrôle fiscal

- La Constitution de 2006 prévoit que les provinces perçoivent 40% des recettes fiscales. Le Fonds de Péréquation en obtient 10% et 40% sont alloués aux ETD. Cela a été déterminé par une formule qui tient compte de la capacité de production, la superficie et la population. À ce jour, cela n'a pas eu lieu (World Bank, 2011a).

Les principales initiatives en matière de gouvernance locale participative

- Les élections présidentielles et celles de l'assemblée nationale et l'assemblée provinciale de 2006 ont été les premières élections multipartites en 46 ans.
- La Constitution de 2006 fut un grand pas vers la constitution d'un système plus décentralisé: elle a doté les provinces avec un meilleur budget, a permis la redistribution des provinces, et a appelé à la mise en place des assemblées élues à tous les niveaux. Toutefois, ce qui a été réalisé n'est que peu par rapport à ce qui a été prévu (SSRC, 2013).
- En 2009, le pays a publié un plan divisant la décentralisation en deux phases. La première phase (2009-2014) aurait préparé les conditions politiques nécessaires pour les provinces et les ETD, y compris les élections locales et la nouvelle division territoriale prévue. La deuxième phase (2015-2019) serait consacrée au renforcement du processus de décentralisation (SSRC, 2013).

Défis pour la gouvernance locale participative

- Les ETD sont inefficaces dans leur travail de « fournir des biens et services publics à leurs populations », et elles souffrent du manque de «gestion interne des ressources (...), qui se traduit par l'absence des budgets et des rapports financiers ». les ETD sont, en outre, caractérisées « par le manque d'une organisation administrative structurée », comme « le manque de personnel qualifié (...), la faiblesse des capacités techniques et l'absence d'infrastructures » (World Bank, 2011a).
- Les élections provinciales et concurrents ont toujours été retardées depuis 2006 et les élections locales n'ont pas été tenues. L'échec de l'application de la Constitution de 2006 et de la tenue des élections demeure un obstacle majeur empêchant le bon déroulement de la décentralisation (World Bank, 2011b).
- Les provinces transfèrent des fonds aux ETD de manière irrégulière et informelle sans la connaissance des autorités provinciales (World Bank, 2011a).

Liste des sources:

Constitution of the Democratic Republic of the Congo (DRC Constitution), 2005: http://www.constitutionnet.org/files/DRC%20-%20Congo%20Constitution.pdf.

Nzongola-Ntalaja: "Decentralization and the DRC – An Overview."Societecivile.cd, 2014: "Observatoire de la Liberté de la Presse en Afrique (OLPA)."

Quota Project, 2014: "Democratic Republic of the Congo."

S.O.S. Climat, 2014. "About.

Social Science Research Council (SSRC), 2013, Weiss, H. and G.

World Bank, 2011a: "Democratic Republic of Congo – An Analysis of Administrative, Financial, and Public Service Delivery Status in Decentralized Territorial Entities (ETDs)."

World Bank, 2011b, Gambino, T.: "World Development Report 2011. Democratic Republic of the Congo."

World Bank, 2012, Estefan, F. and B. Weber: "Mobile Enhanced Participatory Budgeting in DRC."

Démocratie Locale en Afrique: Défis et Perspectives

Mamadou Seck, Institut Gorée

La démocratie participative est une forme particulière de régime ou de procédures démocratiques qui repose sur des dispositifs de délibération et/ou de consultation permettant une participation plus directe des citoyens à la décision. Elle recouvre des mécanismes très divers qui vont du budget participatif aux conseils de quartiers en passant par des référendums consultatifs, etc. L'émergence du concept de gouvernance locale a grandement participé à l'expression de la démocratie participative. Ces deux concepts interagissent et s'enrichissent mutuellement.

La démocratie participative place l'action citoyenne au cœur de son dispositif de fonctionnement. Trois facteurs participent à rendre indispensable la démocratie participative comme mode de gestion :

- L'effritement du pouvoir central au profit de pouvoirs périphériques incarnés par des dynamiques multiples et multiformes·
- L'émergence, particulièrement en Afrique, d'une société civile, dont la plupart des actions tourne autour de la participation via des modes populaires d'action publique·
- La volonté des gouvernants à légitimer leurs décisions prises

L'émergence d'une société civile exigeante a grandement participé à l'effectivité de la démocratie participative en Afrique. Cette démocratie participative s'exprime par les canaux classiques de l'Etat, notamment par les élections mais également par des initiatives endogènes. Au Rwanda c'est à travers un processus traditionnel participatif de résolution des conflits qu'une justice transitionnelle a pu s'opérer et participer à corriger un traumatisme national.

La décentralisation s'insère dans la dynamique de consolidation de la démocratie locale participative. Au Sénégal, un nouveau Code des collectivités locales est voté en 2014 avec une volonté d'aller vers une décentralisation plus poussée et donc vers une démocratie participative plus effective au niveau local. Il est cependant intéressant, du point de vue empirique, de se pencher sur une initiative récente, portée par différentes composantes de la société sénégalaise et qui fut l'expression d'une démocratie participative effective : les Assises nationales. Initiées par des partis politiques (de l'opposition), des organisations de la société civile, des mouvements patronaux, des syndicats, 45 délibérations citoyennes ont été organisées au niveau des 45 départements du Sénégal. Les citoyens devaient faire le diagnostic de la situation du département dont ils sont issus mettant en exergue les difficultés à la base et proposaient des pistes de solutions. Au terme des Assises nationales, une Charte de gouvernance démocratique a vu le jour et devait être le projet de société de la coalition politique de l'opposition qui était impliquée dans le processus. Ce fut un exemple de démocratie participative, le point de départ du changement politique au Sénégal en 2012, dont prémisses se faisaient sentir en 2009 lors des élections locales, à l'issue desquelles la plupart des grandes collectivités locales, dont Dakar fut remportée par les partis de l'opposition alors impliqués dans les Assises nationales. En réalité, les populations avaient adhéré à l'initiative et se retrouvaient dans ce modèle de démocratie participative. Il s'agissait d'un modèle de démocratie locale participative permettant de renforcer la démocratie au niveau national.

En Afrique, les initiatives jusque là proposées n'augurent pas des dynamiques d'ensemble pour l'expression d'une démocratie participative. Le Parlement de la Communauté économique des États de l'Afrique de l'Ouest par exemple est une émanation des Parlements nationaux ouest africains, les députés qui y siègent sont directement désignés parmi les parlementaires donc ne tirent pas directement leur légitimité des Peuples qu'ils représentent. Le défi est donc, d'un point de vue supranational, en Afrique, d'impulser une dynamique de démocratie participative par la promotion d'une citoyenneté communautaire et par l'érection d'instances électives communautaires tirant leur légitimité directement des citoyens.

Sous ce rapport, il est intéressant de se pencher sur la construction européenne car constituant un exemple intéressant de démocratie participative. Les députés européens tirent leur légitimité des suffrages directs exprimés par les citoyens européens des Etats membres de l'Union européenne. Il s'agit d'un exemple d'intégration très poussé qui a su faire fonctionner une réelle démocratie participative, même si l'on peut y relever quelques limites liées à l'abstention qui affaiblit une démocratie qui se veut participative par les élections.

Le grade IDLP	48
Population	37 195 349
Le grade IDH	171/187
Le score IDH	0,414

Les gouvernements locaux au Soudan peinent encore à relever plusieurs défis majeurs. Les responsables sont nommés et ne disposent que de peu d'autonomie réelle. Les transferts de revenus sont incertains et loin d'être clairs, contraignant, ainsi, les décideurs politiques à affronter nombre de problèmes qu'il faudrait résoudre.

Aperçu bref sur la gouvernance locale

- Le Soudan est divisé en 17 États (wilayats), qui sont subdivisés en 133 districts (Global Security, 2014).
- En 2001, la Chambre du gouvernement fédéral a été créé pour coordonner la relation entre l'État et le niveau national (UNPAN, 2004).
- Les gouverneurs des États et les conseils des Etats sont élus (Constitution Nationale Intérimaire, 2005). Les conseils de district, également élus, élisent un organe exécutif. Le personnel du gouvernement local et le chef exécutif sont nommés par le gouverneur de l'Etat (Abdalla, 2008).
- Au Soudan, il n'y a pas de quotas genre promulgués par la loi au niveau sub-national (Quota Project, 2014).

Acteurs de la société civile

- Le Centre Régional de Développement de la Société Civile (RCDCS) travaille, entre autres, pour renforcer la société civile et la démocratie. Il encourage, également, la promotion de l'éducation civique dans le pays (RCDCS, 2012).
- L'Initiative de Développement du Soudan (SUDIA) aspire à atteindre une plus grande stabilité au Soudan, promouvoir le développement et la bonne gouvernance (SUDIA, 2013).

Institutions de renforcement des capacités

- L'Académie des Sciences Administratives au Soudan travaille sur tous les niveaux de la fonction publique en matière de formation, mène des recherches administratives etoffre un service de conseil et de consulting. L'un des objectifs de la formation qu'elle prodigue consiste à promouvoir la décentralisation et la bonne gouvernance (UNPAN, 2004).

Le contrôle fiscal

- Le budget local des Etats se compose de 1), les recettes propres, collectées à travers les taxes, les redevances d'utilisation, 2), les revenus partagés composés de 43% de la collecte de la TVA, et 3), les recettes fédérales (IMF, 2012).
- Les budgets locaux doivent être approuvés par l'État (Sudan Vision, 2014).

Les principales initiatives en matière de gouvernance locale participative

- La loi de 1971 sur Les Gouvernements Locaux (LGA) dessine le cadre juridique pour les gouvernements locaux. Et en 1972, la loi sur l'Autogouvernement Régional pour la Région du Sud a été promulguée (UNPAN, 2004).
- En 1991, un système fédéral de gouvernance a été adopté. Il a divisé le Soudan en 9 état, et a subdivisé les états en provinces et zones de gouvernements locaux. En 1994, le nombre des états a augmenté pour atteindre 26. Cependant, ce nombre a diminué en 2011 avec l'indépendance du Soudan du Sud (composé de 10 Etats) (UCLG Africa and Cities Alliance, 2013).
- «Le processus de décentralisation fiscale a été lancé en 1995 lorsque les accords de partage des recettes entre le gouvernement fédéral et ceux de l'État ont été déclarés » (IMF, 2012).
- La LGA de 2003 étend l'espace d'autorité et de responsabilité du niveau local, en particulier dans les domaines de la santé, l'éducation et le développement (Huraprim, sd).
- La Constitution Nationale Intérimaire de 2005 a institué la nature décentralisée du Soudan (Interim National Constitution, 2005).
- En 2010, les élections, entre autres, des gouverneurs des États et les membres des assemblées de l'Etat ont eu lieu pour la première fois après 24 ans (SCR, 2010).

Défis pour la gouvernance locale participative

- Les collectivités locales peinent à surmonter les problèmes d'ordre financier à cause des transferts financiers incertains et non transparents, et en raison du contrôle effectué par les Etats sur de gros montants d'impôts locaux (UCLG Africa and Cities Alliance,2013; Sudan Vision, 2014).
- Le manque de personnel qualifié et la faiblesse du rendement des gouvernements locaux entravent le travail des services sociaux essentiels (UCLG Africa and Cities Alliance, 2013).
- Les responsables des gouvernements locaux sont nommés. En outre, leur autonomie est très limitée pour s'acquitter efficacement des tâches qu'ils ont à réaliser pendant leurs mandats (Sudan Vision 2014).
- La marge de la participation des citoyens aux affaires locales est très limitée (Sudan Vision 2014).

Liste des sources:

Abdalla, M., 2008: "Poverty and inequality in urban Sudan: Policies, institutions and governance."

Globalsecurity, 2014: "Sudan - Government."

Huraprim, n.d: "Republic of Sudan (North Sudan): national context."

Interim National Constitution of the Republic of Sudan, 2005.

International Monetary Fund (IMF), 2012: "Sudan: Selected Issues Paper."

Quota Project, 2014: "Sudan."

Regional Center for Development of Civil Society (RCDCS), 2012: http://71.18.75.32/en/blog/regional-centre-development-civil-society.

Security Council Report (SRC), 2010: "May 2010 Monthly Forecast. Sudan."

Sudan Vision, 2014, Kidani, A.: "Sudan Is Committed to Reducing the Burden of Poverty, IPRSP."

Sudanese Development Initiative (SUDIA), 2013: http://www.sudia.org/index.php/about-us.

United Cities and Local Governments of Africa (UCLG Africa) and Cities Alliance, 2013: "Assessing the Institutional Environment of Local Governments in Africa."

United Nations Public Administration Network (UNPAN), 2004: "Republic of the Sudan: Public Administration Country Profile."

Le grade IDLP	16
Population	5 978 727
Le grade IDH	177/187
Le score IDH	0,359

Après la guerre civile qu'a connue le pays en 2002, la loi promulguée en 2004 sur le gouvernement local (LGA) et la politique de décentralisation de 2010 (DP) sont considérées comme des mesures importantes sur la voie de la décentralisation du pays. Cependant, il reste encore beaucoup à réaliser sur la mise en œuvre de la décentralisation (World Bank, 2014).

Aperçu bref sur la gouvernance locale

- La Sierra Leone compte 19 conseils locaux et 149 conseils de chefferie (CLGF, 2013). En plus, chaque secteur (quartier) possède ses comités de développement (CMD) pour « faciliter la participation des populations à la planification du développement» (DFID, 2011).
- Il existe au pays une garantie de la représentation égale des femmes au niveau des comités de développement de quartiers élus lors des réunions de la ville. Cinq membres sur dix doivent être des femmes (Quota Project, 2014).
- Les maires / présidents sont élus au suffrage universel des adultes de l'ensemble des conseils locaux dans les régions. Les conseillers sont élus conformément aux règles adoptées au niveau des quartiers (CLGF, 2013).
- Le Ministère du Gouvernement Local et du Développement Rural (MLGRD) régit les réformes de la gouvernance locale et la mise en œuvre de la décentralisation (CLGF, 2013).

Acteurs de la société civile

- Le Réseau pour la Justice et le Développement (NMJD) vise à bâtir une société libre, juste et démocratique en Sierra Leone par l'autonomisation des populations. Le NMJD effectue son travail dans le cadre de son engagement avec le gouvernement sur la politique de réforme et en étroite collaboration avec les communautés locales (NMJD, sd).
- La Campagne la Bonne Gouvernance (CGG) ambitionne de construire un Etat plus démocratique en encourageant la participation des citoyens à la gouvernance à travers la défense de ses principes, le renforcement des capacités et de l'éducation civique (CGG, 2014).

Institutions de renforcement des capacités

- L'Association des Conseils Locaux de la Sierra Leone (LoCASL) chapeaute le partenariat entre les 19 conseils membres et assure le contact entre les membres et les autorités gouvernementales locales à l'échelle mondiale (UCLG Africa, 2012).
- La Commission du Service du Gouvernement Local (LGSC) veille à la réglementation, assure le renfort de gestion de la performance, présente son soutien et la supervision de la gestion des ressources humaines dans les conseils locaux (Urban Institute, 2014).

Le contrôle fiscal

- La LGA de 2004 permet aux deux conseils et les chefferies locales d'augmenter les recettes à travers la collecte des taxes locales, les taxes sur la propriété, les permis et licences, les taux d'intérêts, les dividendes, etc. Les conseils locaux et chefferies peuvent avoir à partager une partie de ces revenus (CLGF, 2013).
- Au-delà des recettes propres, les budgets des conseils locaux sont composés, aussi, de transferts émanant du gouvernement central (CLGF, 2013).

Les principales initiatives en matière de gouvernance locale participative

- La LGA 2004 constitue le cadre juridique principal pour les conseils locaux et précise 80 fonctions du niveau local à décentraliser par rapport au gouvernement central (CLGF, 2013).
- En 2007, la Sierra Leone se dote d'un « système bien réglementé de transferts budgétaires du centre vers les collectivités locales, d'augmentation des investissements dans les services locaux et promeut la production régulière des plans de développement participatifs» (DFID, 2011).
- L'édition 2010 de la nouvelle DP a été approuvée pour harmoniser la LGA et d'autres politiques de décentralisation. L'objectif consiste à mieux responsabiliser et impliquer les populations et les communautés locales dans le processus de développement ainsi que de renforcer la collaboration entre les gouvernements, le secteur privé et la société civile (Awareness Times, 2011).
- En 2011, on a adopté une politique de gouvernance de chefferie nationale et d'administration traditionnelle pour préparer un cadre de bonne gouvernance et, entre autres, de minimiser les conflits entre les conseils locaux et les chefferies sur les ressources financières (Awareness Times, 2012; CLGF, 2013).

Défis pour la gouvernance locale participative

- De nombreux comités de développement de quartiers se trouvent confrontés à de graves problèmes financiers et sont incapables de tenir des réunions régulières. Cela s'ajoute au manque de ressources et à la faiblesse des contrôles ; chose qui favorise la corruption (CR 2012).
- Le système de revenus au niveau local a besoin d'être renforcé et la relation quant aux revenus entre les conseils et les chefferies locales, clarifiée (World Bank, 2014).
- L'efficacité des conseils locaux, leur responsabilité et leur réactivité envers les citoyens ainsi que la transparence du processus de prise de décision de conseils locaux constituent des faiblesses qu'il faudra surmonter (World Bank, 2014).

Liste des sources:

Awareness Times, 2011: "National Decentralisation Policy."

Awareness Times, 2012: "In Sierra Leone, New Policy to Sanitize Tribal Administrators."

Campaign for Good Governance (CGG), 2014: www.slcgg.org.

Commonwealth Local Government Forum (CLGF), 2013: "Country Profile: The local government system in Sierra Leone."

Conciliation Resources (CR), 2012: "Decentralisation and Peacebuilding in Sierra Leone."

Department for International Development (DFID), 2011, Fanthorpe, R., A. Lavali and M. Sesay: "Decentralization in Sierra Leone."

Network Movement for Justice and Development (NMJD), n.d.: www.nmjd.org/home/background.

Quota Project, 2014: "Sierra Leone."

United Cities and Local Governments of Africa (UCLG Africa), 2012: "LOCASL."

Urban Institute, 2014: www.urban.org/UploadedPDF/413101-local-government-discretion.pdf.

World Bank, 2014: Decentralization, Accountability and Local Services in Sierra Leone: Situation Analysis, Key Challenges and Opportunities for Reform."

Le grade IDLP	31
Population	8 008 990
Le grade IDH	125/187
Le score IDH	0,622

La République du Tadjikistan travaille sur des projets de loi en vue d'améliorer les formes d'autogouvernement local et les élections, et le renforcement d'une base économique et financière pour les autorités locales. Toutefois, la décentralisation dans lepays est entravée en raison de la corruption endémique et la loyauté des responsables locaux à l'administration centrale du fait de leur nomination par le président (UCLG, 2008; Freedom House, 2012).

Aperçu bref sur la gouvernance locale

- Le Tadjikistan adopte trois niveaux de gouvernements locaux: le niveau de la communauté (avec le village et les gouvernements de la ville), le niveau du district, et le niveau de l'oblast (régional) (UNPAN, 2004).
- Les autorités d'autogouvernement, un organe historiquement ancré au Tadjikistan, sont élues par les citoyens d'un territoire administratif donné (UNPAN, 2004).
- Le pays n'adopte pas de quota genre législatif au niveau sub-national (IDEA, 2010).

Acteurs de la société civile

- Le Centre d'Initiative Civique (CCI) est une organisation qui met l'accent sur l'établissement et la promotion des processus démocratiques (CCI, 2014).
- Le Centre Indépendant pour la Protection des Droits de l'Homme vise à promouvoir la mise en œuvre transparente de l'accès à l'information en organisant des séminaires de formation, de défense des droits des citoyens et la promotion de l'aide juridique (NED, 2013).

Institutions de renforcement des capacités

- La Gouvernance Locale et le Projet de Participation Citoyenne (LGCP), est un organisme financé par l'USAID et géré par l'Institut Urbain qui travaille avec le gouvernement national pour renforcer la gouvernance démocratique locale par le renforcement des capacités des élus locaux, l'élargissement des possibilités de participation des citoyens, et l'élargissement de la marge d'accès à l'information (Urban Institute, 2014).

Le contrôle fiscal

- Les gouvernements locaux ont le droit de développer et de mettre en œuvre leurs propres budgets et en même temps d'établir les impôts et taxes locaux (UNPAN, 2004).
- Les budgets locaux représentent un tiers de toutes les recettes budgétaires (UNECE, 2001).
- La nature de la relation entre les budgets centraux et locaux est déterminée annuellement. Après avoir déterminé les impôts et les dépenses financées par les budgets locaux, le Parlement établit le partage local des revenus, ainsi que le montant des transferts dédiés à couvrir les déficits budgétaires locaux (UNECE, 2001).

Les principales initiatives en matière de gouvernance locale participative

- En Février 1991, le Tadjikistan a adopté une loi sur l'autogouvernement local et les finances locales, initiant ainsi la création de l'autogouvernement local et révisant la structure administrative et territoriale selon les principes de la décentralisation (UNECE, 2001).
- Au milieu des années 1990, nombre d'organisations à but non lucratif, de bienfaisance et bénévoles ont vu le jour au Tadjikistan (UNPAN, 2004).
- Cinq états au Tadjikistan ont adopté des lois relatives aux activités des organismes et des pouvoirs locaux de l'Etat: "Loi sur le pouvoir de l'État local» de 1994 et «Loi sur les élections des députés des conseils locaux des députés du peuple» de 2007 (UCLG, 2008).
- En Décembre 1994, le Parlement a adopté et mis en place un nouveau cadre juridique pour la gouvernance locale en vertu de la Loi Constitutionnelle sur le Gouvernement Local et la loi sur l'autogouvernement dans les villes et villages (UNECE, 2001).
- En Décembre 1999, le Parlement a adopté la Loi sur les élections du Conseil Local, qui a réglementé les procédures pour les élections locales du corps (UNECE, 2001).

Défis pour la gouvernance locale participative

- Depuis les années 1990, la réforme de l'administration publique est inexistante car la plupart des gouvernements locaux se trouvent face à une structure organisationnelle marquée d'inflation, à une législation dépassée, et à une corruption endémique (UNPAN, 2004).
- •L'Amélioration et la réforme des gouvernements locaux ne sont pas réalisées. Cela affecte les efforts nécessaires pour définir clairement un cadre adéquat pour les interrelations, les pouvoirs délégués et les relations contractuelles, et empêche de préciser les pouvoirs des organes locaux (UCLG, 2008).
- Le gouvernement national a peu de temps et de ressources pour conserver les fonctionnaires civils (UNPAN, 2004).
- La plupart des dirigeants locaux sont nommés par le président, et conservent donc une certaine allégeance au gouvernement national (Freedom House, 2012).

Liste des sources:

Center for Civic Initiative (CCI), 2014: http://tajikngo.centreict.net/en/component/k2/item/1390-oo-tsentr-grazhdanskaya-initsiativa.html.

Freedom House, 2012: "Tajikistan."'

International Institute for Democracy and Electoral Assistance (IDEA), 2010: "Republic of Tajikistan."

National Endowment for Democracy (NED), 2013: http://www.ned.org/where-we-work/eurasia/tajikistan.

United Cities and Local Governments (UCLG), 2008: "UCLG Country Profiles: Central Asia."

United Nations Economic Commission for Europe (UNECE), 2001: "Local Government in Tajikistan."

United Nations Public Administration Network (UNPAN), 2004: "Republic of Tajikistan: Public Administration Country Profile."

Urban Institute, 2014: http://www.urban.org/center/idg/projects/europe/tajikistan_LGCP.cfm.

Le grade IDLP	34
Population	88,772,900
Le grade IDH	127/187
Le score IDH	0,617

Au cours des deux dernières décennies, le Vietnam a essayé de déléguer largement le pouvoir de ses gouvernements sub-nationaux. La mise en œuvre du décret de Démocratie de Proximité reste inégalement établi et la participation à la planification au niveau local est souvent pro forma (World Bank 2010).

Aperçu bref sur la gouvernance locale

- Le Vietnam dispose d'une structure de gouvernement local à trois niveaux: provincial, de district et communal. Le pays compte 63 unités provinciales, dont 5 villes. Les provinces ont environ 9 districts ruraux et 145 communes; chaque commune se compose de 10-15 villages (IFAD, 2012)
- Il est un organe représentatif (Conseil du peuple) et un organe exécutif (Comité du peuple) dans chaque unité. Les conseils de tous les gens sont élus par les bulletins de vote direct et secret (CGLU, 2008)
- Le ministère de l'Intérieur s'accapare la plus grosse part des responsabilités en matière de gouvernement local (UCLG, 2008).
- Il n'existe pas de quota genre au niveau sub-national (IDEA, 2012).

Acteurs de la société civile

- **L'Union des femmes du Vietnam (VWU)** est un organisme qui protège les droits des femmes et participe à la formation et à la supervision de la mise en œuvre des lois et des politiques sur l'égalité des sexes (VWU, sd).
- **Le Centre de Recherche pour la Gestion et le Développement Durable (MSD)** est une organisation non gouvernementale qui œuvre dans le domaine de la compétence des organisations de la Société Civile (OSC) et des coalitions entre le gouvernement et la société civile dans le but de l'élaboration des politiques de la démocratie (MSD, 2012).

Institutions de renforcement des capacités

- Le **Fonds de Facilitation de la Participation du Public et l'Imputabilité (PARAFF)** fait partie d'un programme financé par le Danemark qui prend en charge les ONG vietnamiennes à l'aide des subventions et le renforcement des capacités pour un meilleur engagement dans la participation publique (de PARAFF, 2014).
- L'Association des Villes du Vietnam (ACVN) est une organisation sociale volontaire qui représente les villes vietnamiennes. Elle est la seule organisation des gouvernements locaux au Vietnam (ACVN, 2014).

Le contrôle fiscal

- « Il ya eu un important transfert de ressources et de responsabilités vers le bas du niveau central au niveau sous-national ... Les provinces ont une autonomie budgétaire considérable, mais leurs rapports sur les dépenses à retourner au niveau central sont relativement faibles» (IFAD 2012).
- En 2002, les recettes locales totales se composaient de transferts (53,6%), 100% des impôts locaux (24,0%), et des impôts partagés (22,4%). Les dépenses locales représentaient 47,7% des dépenses totales de l'Etat (UCLG, 2008).

Les principales initiatives en matière de gouvernance locale participative

- Le Vietnam a eu trois grandes périodes de décentralisation. La première période, 1946-1960, a commencé quand la première constitution du pays a créé les conseils populaires et les comités administratifs (IFAD, 2001).
- La deuxième période, de 1960 à 1992, a porté sur la consolidation nationale et la centralisation de l'administration (IFAD, 2001).
- La troisième phase a commencé en 1996 avec le développement d'une économie de marché dynamique et équitable. Le décret Démocratie de Proximité (GDD) de 1998, a fourni un cadre pour le développement de la décentralisation (IFAD, 2001).
- Le GDD appelle à la transparence et à la participation, en demandant que les assemblées locales consultent les résidents sur la prise des décisions (Wescott, 2003).

Défis pour la gouvernance locale participative

- Les incitations à la démocratie participative sont actuellement faibles pour les citoyens et l'État. Par conséquent, le changement obtenu à ce jour reste superficiel. De nouvelles règles et des incitations sont nécessaires pour améliorer la qualité et la quantité de la participation (UNDP, 2006).
- Certaines composantes du Parti et les autorités locales ne s'en rendent pas compte et manquent donc de leadership nécessaire pour la mise en œuvre des règles de la démocratie de base (UCLG, 2008).

Liste des sources:

Association of Cities of Vietnam (ACVN), 2014: http://www.acvn.vn/International Fund for Agricultural Development (IFAD), 2012: "Country Program Evaluation."I

International Fund for Agricultural Development (IFAD), 2001: "Viet Nam: Country Portfolio Review and Evaluation."

International Institute for Democracy and Electoral Assistance (IDEA), 2012: "Viet Nam."

Public Participation and Accountability Facilitation Fund (PARAFF), 2014: http://www.paraff.org/en/about-us/who-we-are

Research Center for Management and Sustainable Development (MSD), 2012: http://msdvietnam.org/home/

United Cities and Local Governments (UCLG), 2008: "Socialist Republic of Vietnam."

United Nations Development Program (UNDP), 2006: "Deepening Democracy and Increasing Popular Participation in Viet Nam."Vietnam Women's Union, n.d.: http://www.hoilhpn.org.vn/?lang=EN

Wescott, C., 2003: "Hierarchies, Networks, and Local Government in Vietnam."

World Bank, 2010: "Vietnam Development Report 2010: Modern Institutions."

L'Enquête 2014 est basée sur le même cadre à cinq dimensions que l'enquête de 2013, mais il est des questions qui ont été rationalisées et rendues plus objectives. Toutes les réponses ne demandent qu'une réponse simple des trois suivantes: Oui, Non ou N / A - sauf indication contraire. Chaque réponse est notée régulièrement: 0 pour les réponses négatives et un classement de 1 à 3 pour les réponses positives.

Chacune des cinq dimensions sont divisées en des questions liées au cadre juridique et les perceptions des gens de la meilleure manière dont il faut l'implémenter, ce qui donne 10 sous-indices. Chaque sous-indice est normalisé, à aller de 0 à 100, avec le 100 qui marque un score absolu dans lequel toutes les réponses reflètent le maximum des points positifs possibles.

Les classements sont calculés en ordre croissant sur tous les rapports, avec 1 étant le meilleur et les plus faibles rangs.

1. Active Participation Citoyenne

1.1 **Conscient**

Juridique

1.1.1 Il existe un droit à l'information (RTI).

1.1.2 Il y a un temps de réponse obligatoire pour les demandes sur le droit à l'information.

1.1.3 Les gouvernements locaux sont tenus d'afficher une Charte des droits de Citoyens et les moyens d'y accéder.

Perception

1.1.4 Evalue la capacité des citoyens à connaître les informations concernant le gouvernement local:

(Très difficile | Moyennement difficile | Directe, mais lente | Rapide)

1.1.5 Evalue votre sens de la sensibilisation des citoyens de leurs droits:

(Pas au courant | Un peu conscients | Très au courant)

1.1.6 Les citoyens peuvent payer les appels aux demandes d'information à un coût raisonnable de leur temps et de leurs ressources.

1.1.7 Combien de jours estimez-vous suffisants aux citoyens pour recevoir des réponses à une demande d'accès à l'information? (Moins de 7 | Entre 7 et 30 | Plus de 30)

1.2 **Inclusive**

Juridique

1.2.1 Il existe des forums publics obligatoires au niveau local.

1.2.2 Les forums publics sont tenus de se tenir à des moments et dans des lieux accessibles aux femmes et autres groupes marginalisés.

1.2.3 Il y a des quotas ou des réservations pour les femmes et les groupes marginalisés dans les conseils locaux.

Perception

1.2.4 Les forums publics sont régulièrement organisés conformément à la loi.

1.2.5 Quel équilibre typique entre les sexes dans la participation du public?

(Environ 1 sur 10 | 3 sur 10 | 5 sur 10)

1.2.6 Jusqu'à quel point les groupes religieux ou ethniques minoritaires participent à la vie publique?

(Rarement | Proportionnel à leur nombre | Plus que la moyenne de garantir leurs droits | N / A)

1.3 **Organisé**

Juridique

1.3.1 Les organisations citoyennes ont la capacité juridique dans les affaires judiciaires (recours collectif).

Perception

1.3.2 Dans quelle mesure les citoyens travaillent pour leurs droits via les organisations communautaires, les syndicats, les associations, etc.?

(Rarement | Parfois, mais avec angoisse| Très souvent)

1.3.3 Est- ce que Les femmes et les groupes marginalisés sont des groupes de citoyens efficaces?

(Pas autant que les hommes et la majorité | Presque pareil | Plus encore)

1.4 **Participer**

Juridique

1.4.1 Les mécanismes suivants existent pour la participation des citoyens à la vie publique: Quorums pour les assemblées publiques, la participation directe des citoyens à des sous-comités de gouvernement local, les mécanismes de règlement des griefs.

Perception

1.4.2 Comment qualifieriez-vous la participation des citoyens dans chacun des mécanismes ci-dessous:

(Pauvre | Active mais sans effet | Active et percutante)

2. **Décentralisation politique**

2.1 **Démocratique**

Juridique

2.1.1 La loi prévoit les conseils locaux élus.

2.1.2 Les élections locales ont lieu régulièrement sans la

décision des autorités supérieures du gouvernement.

2.1.3 Il existe des mécanismes juridiques efficaces pour assurer des élections locales libres et équitables.

2.1.4 Les candidats pour le bureau local sont sélectionnés par:

(Les patrons du Parti | Les élections primaires)

Perception

2.1.5 Les gens évincent les dirigeants locaux lors des élections.

(Rarement | Assez régulièrement)

2.1.6 Les candidats indépendants (qui n'adhèrent à aucun parti) se présentent aux élections locales.

(Rarement | Assez régulièrement)

2.1.7 Les manifestes des partis principaux appuient la décentralisation?(Non | Certains, oui| La plupart ou le font tous)

2.2 Autonome

Juridique

2.2.1 La constitution donne des pouvoirs spécifiques de prise de décision aux gouvernements locaux.

2.2.2 Qui est autorisé à enlever les dirigeants élus?

(Seuls les tribunaux | Les bureaucrates)

Perception

2.2.3 Dans la pratique, les entités suivantes tentent de dépasser la prise de décision locale:

Les partis politiques, les bureaucrates, les chefs religieux, les détenteurs d'intérêts d'affaires

2.3 Responsable

Juridique

2.3.1 Les dépenses des collectivités locales/ (gouvernements locaux) doivent être vérifiées.

2.3.2 Les gouvernements locaux doivent publier des rapports annuels sur leurs projets et activités.

Perception

2.3.3 Les gouvernements locaux publient effectivement des rapports annuels sur leurs projets et activités

(Toujours | Parfois | Rarement)

2.4 Transparent

Juridique

2.4.1 Les réunions du gouvernement local sont ouvertes au public.

(Non | Certaines | La majorité | Toutes)

2.4.2 Il est légal de rapporter des informations sûres, même si elles portent atteinte à la réputation d'une personnalité publique.

2.4.3 La possibilité d'examiner les décisions politiques locales avant leur mise en œuvre est garantie au public.

Perception

2.4.4 Les dossiers et les données des gouvernements locaux sont accessibles au public.

2.4.5 Le gouvernement permet librement des reportages qui nuiraient à la réputation des fonctionnaires publics.
(Toujours | Parfois | Rarement)

2.4.6 Les marchés publics du gouvernement local sont ouverts et transparents

(Toujours | Parfois | Jamais)

2.4.7 Il existe un endroit pour la communauté de voir et consulter les plans du gouvernement local. (Internet, Bureau du gouvernement local, Bibliothèque, etc.)

3. Décentralisation administrative

3.1 Décentralisé

Juridique

3.1.1 Les travailleurs de première ligne (Personnel de santé, Enseignants) peuvent être recrutés et licenciés au niveau local.

3.1.2 Les décisions concernant les services publics peuvent être prises au niveau local

(Rarement | Parfois | La plupart du temps)

Perception

3.1.3 Le gouvernement local gère ou supervise chacun des éléments suivants (Oui, Partiellement ou Non):

Santé primaire, L'éducation primaire, L'eau, L'assainissement, Les routes locales, L'électricité, La police, Le développement économique, La justice / résolution des conflits

3.1.4 Il y a clairement des responsabilités distinctes entre les différents niveaux de gouvernement.

(Oui | Partiellement | Non)

3.2 Formé

Juridique

3.2.1 Les autorités locales DOIVENT recevoir une formation dans les domaines suivants:La transparence, La prestation de services, L'éthique, L'inclusion des groupes minoritaires, L'administration, La fiscalité, La Justice /Sécurité publique

Perception

3.2.2 Le gouvernement local est perçu comme étant qualifié pour faire son travail.

(Oui | Parfois | Non)

3.3 Efficace

Juridique

3.3.1 Le gouvernement local assure la supervision directe des services publics.

3.3.2 Le gouvernement local reçoit régulièrement des données sur les services publics (par exemple, les numéros d'inscription, les données de santé) dans leur région.
(Jamais | Dans certains cas | Toujours)

3.3.3 Le gouvernement local organise des forums publics sur la qualité des services publics.

(Rarement | Parfois | Régulièrement)

Perception

3.3.4 La performance des gouvernements URBAINS locaux dans chacun des secteurs énumérés au paragraphe 3.1.3 est
(Bonne | Passable | Mauvaise)

3.3.5 La performance des gouvernements dans chacun des secteurs énumérés au paragraphe est

(Bonne | Passable | Mauvaise)

4. Décentralisation fiscale

4.1 Pris en charge

Juridique

4.1.1 Il existe des critères objectifs pour l'attribution de l'argent du gouvernement national au niveau sub-national.

4.1.2 Il y a des sources de revenus spécifiques garantis aux gouvernements locaux.

4.1.3 Le montant des ressources publiques que détient le gouvernement local est :

(En dessous de 10% | 10-20% | Plus de 20%)

Perception

4.1.4 Le gouvernement local est perçu comme: (Suffisamment financé | Honnête dans la gestion de l'utilisation des fonds publics)

4.1.5 Les fonds du centre arrivent au gouvernement local dans le premier trimestre de l'exercice.

(Toujours | Parfois | Rarement ou jamais)

4.2 Indépendant

Juridique

4.2.1 Le gouvernement local établit ses propres budgets.

4.2.2 Le gouvernement local doit afficher son budget public.

Perception

4.2.3 Le gouvernement local est efficace dans la collecte des impôts locaux

(Toujours | Parfois | Rarement)

4.2.4 Le gouvernement local est libre de toute ingérence bureaucratique ou politique dans la prise de décisions budgétaires.

(Toujours | Parfois | Rarement)

Planification multi-intervenants

5.1 Capacité

Juridique

5.1.1 Le gouvernement local a un mandat légal pour produire un plan pluriannuel écrit pour les services locaux.

5.1.2 Le gouvernement local a accès à la formation ou à la facilitation de faire des plans pluriannuels.

Perception

5.1.3 La capacité du gouvernement local à créer des plans pluriannuels est:

(Inexistante | Faible | Existe, mais pas prospective| Prospective)

5.2 Délibératif

Juridique

5.2.1 Il existe une obligation légale de faire participer le public à la planification du gouvernement local.

5.2.2 Il est une obligation légale pour la budgétisation participative.

Perception

5.2.3 La participation du public à la planification du gouvernement local est:

(Inexistante | limitée à un petit nombre d'intérêts particuliers | Largement inclusive mais pas prospective | Largement inclusive et prospective)

5.2.4 La participation du public en matière de budgétisation est:

(Inexistante | limitée à un petit nombre d'intérêts particuliers | Largement inclusive mais pas prospective | Largement inclusive et prospective)

Indice de la démocratie locale participative (IDLP)

Pays	Groupe	Citoyenne Active		Politique		Admin.		Fiscale		Planification		Combiné			Rang
		J	I	J	I	J	I	J	I	J	I	J	I	Med	
Azerbaïdjan	1	50	58	34	68	67	74	50	50	50	33	50	56	53	23
Bangladesh	2	89	55	54	67	22	48	66	37	100	55	66	53	59	13
Benin	3	60	43	54	56	80	45	66	37	100	66	72	49	61	10
Bosnia and Herzegovina	1	60	39	77	31	54	34	66	12	50	33	61	30	46	36
Brazil	5	73	50	77	37	47	25	83	25	67	29	69	33	51	28
Burkina Faso	3	20	33	39	49	54	22	50	0	50	11	42	23	33	46
Burundi	3	80	87	93	62	87	90	83	62	100	88	89	78	83	1
Cambodge	2	80	52	54	40	67	43	62	0	100	99	73	47	60	11
Cameroun	3	30	35	51	31	33	32	83	0	0	11	39	22	31	48
Chili	5	30	30	70	43	74	29	62	37	50	22	57	32	45	37
Chine	2	30	42	17	27	20	75	42	47	50	33	32	45	38	44
Colombie	5	70	43	54	31	67	9	50	12	100	33	68	26	47	35
Costa Rica	5	75	52	70	39	57	34	66	44	88	28	71	39	55	21
Côte d'Ivoire	3	40	46	62	37	65	30	66	12	75	55	62	36	49	32
USA	6	57	53	77	40	63	60	63	46	47	39	61	48	55	21
Ethiopie	3	100	82	93	62	94	59	83	62	100	66	94	66	80	3
Finlandia	6	30	95	93	74	54	95	100	62	75	44	70	74	72	4
Francia	6	70	52	70	43	80	52	66	78	50	44	67	54	60	11
Ghana	3	40	26	93	49	67	48	100	12	100	22	80	32	56	19
Guatemala	5	70	57	85	49	33	20	66	12	100	22	71	32	52	25
Île Maurice	2	40	52	54	37	54	36	66	37	50	22	53	37	45	37
Inde	2	67	33	54	74	60	30	66	25	75	33	64	39	52	25
Indonésie	2	100	43	85	37	94	39	100	25	100	55	96	40	68	6
Italia	6	90	65	93	56	54	56	83	37	75	66	79	56	67	8
Jordanie	4	60	66	17	49	40	29	33	12	0	11	30	34	32	47
Kirghizistan	1	56	32	65	41	72	42	62	51	61	32	63	40	51	28
Líban	4	10	61	62	37	33	11	50	37	50	22	41	34	37	45
Libéria	3	100	56	93	37	107	43	100	37	100	33	100	41	71	5
Madagascar	3	30	17	46	37	80	25	33	50	75	55	53	37	45	37
Malaisie	2	10	13	43	31	47	16	66	16	25	22	38	19	29	50
Malawi	3	50	69	93	49	80	43	66	37	75	88	73	57	65	9
Mali	3	70	61	93	80	94	23	66	37	100	55	85	51	68	6
Maroc	4	80	42	54	44	67	34	83	62	75	44	72	45	59	13
Mauritania	4	40	36	51	25	47	11	33	12	100	44	54	26	40	42
Mexique	5	70	22	62	19	74	32	66	0	75	22	69	19	44	40
Népal	2	90	48	60	43	27	29	50	25	100	44	65	38	51	28
Níger	3	90	43	70	37	80	45	83	25	75	33	80	37	58	16

Pays	Groupe	Citoyenne Active		Politique		Admin.		Fiscale		Planification		Combiné			Rang
		J	I	J	I	J	I	J	I	J	I	J	I	Med	
Nigeria	3	70	35	77	31	67	30	66	37	75	33	71	33	52	25
Ouganda	3	80	13	62	31	33	34	83	12	100	44	72	27	49	32
Pakistan	2	60	39	51	43	80	22	83	25	0	0	55	26	40	42
Paraguay	5	40	35	93	43	33	20	100	37	100	33	73	34	53	23
Perú	5	50	31	70	46	47	8	58	25	75	33	60	28	44	40
Philippines	2	60	52	70	37	73	36	100	25	100	33	80	37	58	16
RD ul Congo	3	70	35	77	30	80	20	100	37	100	44	85	33	59	13
Senegal	3	90	74	77	80	87	63	83	62	100	99	87	76	81	2
Sierra Leone	3	70	43	77	43	74	45	100	37	50	44	74	43	58	16
Soudan	4	10	78	43	13	54	27	21	25	25	11	30	31	31	48
Tadjikistan	1	70	22	46	25	80	38	83	50	50	33	66	33	50	31
Venezuela	5	60	52	54	56	60	23	83	50	100	22	71	40	56	19
Vietnam	2	59	30	45	34	82	48	56	27	65	37	61	35	48	34
Zambie	3	22	6	51	34	27	4	17	12	0	22	23	15	19	51
Groupes															Gap
Asie: C+O	1	62	42	53	43	57	38	69	26	70	39	62	38	50	24
Asie: E+S	2	59	38	56	41	68	47	65	41	53	33	60	40	50	20
Sub-saharienne	3	62	45	72	46	72	39	74	32	76	48	71	42	57	29
MENA	4	40	57	45	34	48	22	44	30	50	26	45	34	40	11
Amérique Latin	5	60	41	71	40	55	22	70	27	84	27	68	31	50	36
Développés	6	62	66	83	53	63	66	78	56	62	48	69	58	63	11
Mondial		59	46	65	43	62	37	69	32	71	39	65	40	52	26

Juridique et intuition

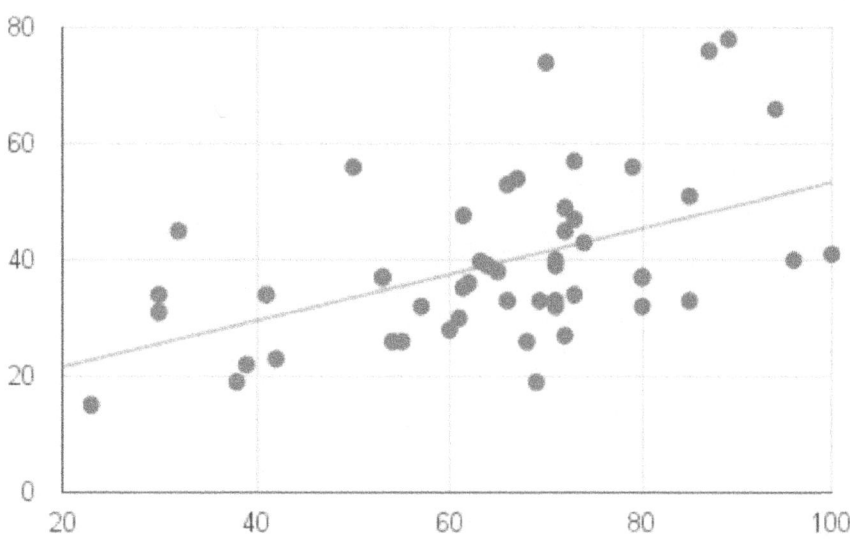

Juridique